中野清作 著

新しい女性、新妻房子への手紙

◆100年前・大正時代の在外研究員の留学日記

黎明書房

出版に当たって

本書は、今から丁度一〇〇年前の大正デモクラシーのさなか、文部省在外研究員として二十七歳の若者が二年余りの間、米国を経由しヨーロッパ各国に遊学した際の見聞を、日本に残した身重の妻房子に書き送った手紙を纏めたものです。

一〇〇年前といいますと、今にきっと大地震が起きると予感している現代日本人の記憶に深く刻まれた、一九二三年のあの関東大震災の年の前後です。いわゆるスペイン風邪は終息していましたが、欧州は第一次世界大戦後の混乱の時代であり、円高を謳歌していた日本は、関東大震災の後、一転円安に振れたため、留学生は翻弄されていました。その中にありながら、ゆったりと流れる時間軸に身をゆだねる当時の若者の姿が目に浮かぶようです。米国人・英国人・ドイツ人などの文化や生活の比較、「新しい女性」の房子への呼びかけ、通信・送金もままならない時代背景など、興味は尽きません。

これは、私が生を受けた二十七年前の二十七歳の祖父（中野清作）の姿なのですが、今や人は一日で世界を一周し、情報は数秒で地球を回るというハイスピードの時代です。「寸時にこの世を理解できている」と勘違いしている私と、二年間身をもって海外を体験した祖父との落差を感じ、私の生きてきた七十年の世の移り変わりを噛みしめながら、この記録を本として出版しようと思い立った次第です。

なお、本書のもとになったこの記録の原資料をパソコンで翻刻・整理したのは、私の叔父中野清弘氏（すなわち中野清作の長男）です。

ここに、亡き叔父、中野清弘氏に出版の報告をするとともに、この二年間に相次いで旅立った叔父をはじめ祖父の子孫たち、叔母・母に本書を捧げます。

二〇二二年九月

名倉眞知子

はしがき

編者　中野清弘

この記録は、編者の亡父（一八九五—一九七九年）が一九二二年（大正十一年）四月から一九二四年（大正十三年）七月まで文部省の在外研究員として、農業経営学、農政学の研究のため米国、英国、独国、仏国へ留学したさい、その留学中の出来事等を「旅の有様」という表題で日誌（約一年間）に認め、折々に亡母（一八九九—一九九九年、文中房子、御前）に郵送されたものを中心としてとりまとめたものである。

亡父は、一九二〇年（大正九年）東京帝国大学農学部農学科を卒業し、同大学実科の講師等を務めていたが、新設される三重高等農林の教授に就任するに当たり留学を命ぜられたものであった。

亡父の当時の年齢は二十七歳、留学前年の六月に房子と結婚し十ヶ月を経過したばかりで、房子は二十三歳であった。亡父留学中の一九二二年十一月女児を出産した。

この日誌は亡父が主として房子に外遊中の有様を知らせることを主眼としているため、

当時余り知られていない欧米の社会風俗等の印象、見聞が主であって、留学の研究部分の記述は少ない。

当時の学問的環境からみて、人文系は理科系のように研究機関に属さないと研究が出来ないということはなく、日本では入手し難い学術書を探し求めて、それを読み、先に留学している先達と議論し研究を深め、必要があれば大学等の権威に教えを請うということになっていたのではないか。また、国は新進気鋭な若者に自主的で自由の時間を与え、欧米の社会、文化、その歴史に直接ふれさせ、世界的な視野と見識を持たせることも意図していたのではないかと思われる。

留学十ヶ月を経過した頃、房子から「何を研究しているの、その内容は」との問いに対する返信（一九二三年二月二十六日付け）がある。抜粋すると次の様である。

「私が何を研究しているのか？　とのことだが、それは辞令の通り農業経済学と農政学です。経営学の一部は実科で講義していたので大体の概念を得ているが、その残りの部分『評価学』は大学でも講義する教授がいなかったためその勉強をしている。只今は独逸から買入れてきた書物を読み、英国の参考材料を蒐集している。この評価学を一通り終えれば瑞西《スイス》のチューリヒで大学に入り簿記学を学ぶ予定です。この経営学、評価学、簿記学で農業経済学は一応終わるわけです。猶予があれば農政の研究をするが広汎で全部には及ばないので、その一部を欧羅巴で調べ残りは参考書類を集めて日本に持ち帰り研究することになるでしょう。

その前に言語の稽古が大変骨折りです。二ヶ年位の留学では言語の勉強で終わる位に短い。四ケ年も外国に居れば一通りの研究も出来ると思う。

評価学とは農業に関係している凡ての物の価格、値段見積を決定する学問で相当に面倒で難しい学問です。余り世間には知られていない学問で日本に研究する者も二人位しかいません。博士論文の材料になる様な一般的でなく詳細な部分に入り込むことは出来ないが、先ず在来の書物を読破して、何れに嘗て研究されていない不明の部分があるかを知るのが急務です。

学校を卒業して数年も勉強し不明の部分を見定めた者は、外国へ来てその点のみを研究すれば足るのだが、私のように卒業後すぐ外国に来た者はこの点において相当に不利です。しかしチューリヒ大学の簿記学がつまらないものなら一通り学んだ後に経営学の不明の点、「農業経営の組織」について調べてみたいと思っています。

外国へ来てみれば日本の学問もなかなか進んでいることが判ります。米国では二、三の学問の外は日本より遅れていると思われ私達には学ぶ処がないのです。英国も大学の講義としては幼稚ですが実際上には有益な参考材料が多い。とりわけ農政には多いが、これを学問として研究し著書として出す者は少ない様です。独逸、仏国、瑞西、丁抹《デンマーク》位が日本より進んでいるでしょう。

農業経済学がどのような成分から成立っていて、その内容、目的が何であるか、又農政学も同様に如何なる各論から成立しているか等は、素人の房子には知る必要もないでしょう。今此処にその概要を書く迄もないでしょう。知りたければ暇々に私の原稿を読んでみなさい。又、最近の新聞広告を見ると橋本博士が『農業政策綱要』を書き、河田博士が『農業経済学』と名付けて実は農政学の大きい書物を書いた。これ等の書物は私が帰朝しても購求すべき書物だから、予め房子が直接買入れし読んでいてくれれば房子の常識を増すためにも望ましいでしょう。沢村君の妻は、昨夏帝国農会で産業組合講習会を全部聴講したそうだから、房子が農政や経済を勉強することは少しも妨げません。主人の仕事を理解すると云う意味からも、進んで農村の婦女を指導してやろうという野心からも、又近き将来に婦人に参政権が与えられて女の代議士が出ることになるだろうからそれ等に対する素養となすことも必要です。が、勉強は元来強制してもその効果が少ないので房子の自由意思に任せる。私の立場からは寧ろ希望したい位です。」

以上の私信から大学卒業後まもなくの留学であったため専門分野の研究実績も少なかったこと、また現在のように事前の語学研修（当時は旧制高校に外人教師がおり、また大学の講義も原書及び外人教授によることがあったと思われることから、ある程度の能力はあったと思われるが）もなかったことから聴講生として現地の大学に入ることも無理があると思われ、色々と戸惑っている様子が伺われる。

また、為替であるが当時百円＝四十七、八ドル台と安定していた円が、第一次世界大戦中の一九一七年に日本が金本位制を停止したこと、また国内景気の過熱等による大戦後のインフレーションもあり、亡父が留学した頃、円は下落傾向にあった。さらに、一九二三年九月の関東大震災でその後の復興需要や景気の後退もあり、円はさらに下落し一九二四年十一月には百円＝三十八ドル二分の一の最安値となっている。

留学一年目の初めのころは文面から経済的に余裕があったようであるが、その年の十一月頃ドイツに入った頃には、円安傾向、マルクの暴落（天文学的賠償額が課せられたことから一ドル＝百六十二マルクから七千マルクとなる。一九二三年フランス、ベルギー軍がルール地方を占領し生産活動が大打撃を受けたため、破局的インフレーションが現出し同年十月には、一ドル＝四兆二千億マルクとなる。）に遭い、善しにつけ悪しきにつけ為替相場に翻弄された。二年目、特に震災後は円レートの下落に併せて復興資金需要の関係か国からの学資の送金も遅れがちで困窮し、国の親族に度々送金を依頼するなど借金も嵩んだようであった。（注参照）

（注）一九二四年四月二十六日付け私信抜粋。

最初の頃は日本円も高価であったのに昨今の地震以来日本も信用がなくなり毎日の様に下落している。今のところ従前に比べて百円に付き十円の損失です。文部省の送金が遅いために受ける私の損失は凡そ二百円になるでしょう。何分日本の円が下落するのは私達外国にいる者には大打撃です。今は一割の損失ですが毎日下落する様子を見れば来月中旬には二割以上になるでしょう。従って旅費学資とも二割減ぜられたと同様の結果になります。（以下略）

また、ドイツの政情不安から再度の入国が難しくなり意図した研究も思うように進まなかったようで、後半は可成り苦しい留学生活を送ったのではないかと思われる。

ここでは、一九二二年四月十七日横浜港を大洋丸で出航して、ハワイに寄港し、サンフランシスコに上陸後、米国の各所を見学して、大西洋を渡り、八月二十七日英国に到着、ロンドンを基点にした英国内及びドイツ遊学等（行程表参照）を収録した。イングランド、スコットランド等の見聞記は省略した。なお、フランス遊学、マルセイユから北野丸によるインド洋経由神戸入港までの記録はない。

この記録は、亡母の入院中（一九八九—一九九九年）に保存資料等を整理していて見出したもので、七年程前に若き亡父の姿を限られた近親者に知らせるため浄書したが、約八十年前の留学の有様を、また当時の欧米の事情を知る上で貴重な資料とも思えるので、今回、出来るものなら上梓しておきたいと考えたものである。

なお、日誌等は書き流しで読みにくい字は適宜判読した。また、文中の外国語は原語でなく現地の発音（あるいは当時の発音？）によると思われるカナ書きのため、編者が原語を推定し、判る範囲で現在用いられていると思われるカナ書きに改めた。地名も同様で一部にガイドブックの記載と異なるものが見られたが、編者が推定してガイドブックのカナ書きに改めた。また、文中の漢字等は概ね原文どおりとしたため、現在余り使われず編者の判断で判りにくいと思われるものにフリガナを付し、意味をカッコ書きした。また、仮名遣い、送り仮名は原文によらず概ねパソコンのワード処理によった。

二〇〇二年十月

目次

凡例

1　旧仮名遣いは文中の詩を除き現代仮名遣いに改めました。
2　漢字の旧字体は新字体に改めました。
3　読みにくい漢字には、振り仮名を付けました。
4　読者の便宜をはかり、本文中に（　）で注を挿入しました。長文にわたるものは、本文の行間に示しました。注は、基本的に翻刻者によるものです。
5　文中に今日では差別的な表現と思われる場合がございますが、本書の資料的価値を鑑み原文のままにいたしました。

1 太平洋航路

一九二二年（大正十一年）四月十七日　横浜出航

大洋丸船中にて（中央著者）

第一信

今日は波も静かでペンを執る気になったから断片的な有様を記します。

四月十七日午後

出帆の際はテープの霞で距てられて名残惜しい人達が見えないのがかえって思い切りよいのでした。ハンカチを振るなぞは芝居じみてね。二ヶ年の旅はこの頃では何でもないから仰々しい仕草もいらぬと思いました。埠頭の見えなくなるまでハンカチを振っている若者がいたが私ではありませんよ。

船は静かに横浜港を出るとレナウン号がいました。此処で大洋丸（注）は初めて船首を前に向けて進み出すと直ぐ中食で、行って見ると立派な食堂で外人と偉そうな人々で一杯でした。献立の名前を知らない私は出鱈目に食べ出したが美味しくもありませんでした。

船は房州岬の辺からスピードを出したので動揺が強くふらふらして来ました。大熱に浮かされた病人の気持ちです。でも持ち前の負けぬ気を出していると夕景になり船は益々揺れます。無線電報でも打つ気になって船橋へ登ると海は全面の白波でした。名残惜しい母国は夕陽に光っていました。

晩食は七時です。外人にはご馳走でしょうが私には切干の味も致しません。そそこにすませてケビン（船室）へ帰るとバスへとの事で洋式バスを試みた。純白の浴槽に藍色の潮湯を満たしたのは格別です。このバスだけが私の気に入ったものです。塩湯で温かくなってベッドへ入りました。寝衣は心地よいのですが帯がないのでタオルを裂いて白帯を作り寝ました。

船の動揺につれてベッドのスプリングがこれを調節するので堅い畳よりも寝心地はよいです。揺籠の中の小児の様にすぐ眠気がして来ました。お隣のケビンに外人の女が男の訪問を受けてお喋りを続けているのが遠くに聞こえて、スクリューと波音が単調に脈動して来ます。

注「大洋丸」明治四四年（一九一一年）八月進水、一四、四五八トン、独国ハンブルクで建造、旧名カブツイニスター、昭和十七年（一九四二年）五月八日戦禍沈没、（日本郵船調）。

十八日

朝早く醒めて起きて見ると動揺は昨日にも増して激しいのです。時には此の室の隅から隅へ転げるのです。大熱病人の症状で気分が悪い。憚り（便所）へ行くと赤褐の小水が出る。これでは全くの病人になってしまった。朝食には出ず、水を一合ばかり飲んでベッドに臥しました。中食に起きてみると相変わらず頭が動乱して歩行は酔いどれの有様です。気持ちも悪いので顔を洗って再び水を飲み床の中へ入った。臥していると空腹がひしひしと迫って来ます。全く船も嫌になり出した。

晩方にボーイが来て食堂へ出るようにと言うので心持ち悪いが行って、少々のパンとサラダ、スープを食べたが美味しくもありませんでした。食事中に頭がくらくらして目が回るのです。同じ食卓でも出されているものは僅かでした。昨日隣の食卓にいた若い夫婦――バスの混浴を見せつけられて私が恐れ入った連中――も酔いどれたと見えて出ていません。相変わらず塩湯に浸って眠った。

十九日

夜分から波も静かになり寝心地がよい。例の朝寝の癖を出して八時半の朝食に出なかった。デッキに出て海を見ると、海の囲い盆の上を船が走っているのです。船首が上下するのと潮が早いのとで目まぐるしい程です。淋しいから隣に海を見ている若い男に話しかけると、それは小説家の島田清次郎（注）でした。徳光（石川県）の隣村に小川という処があるがその村は島田君の母の里だという。色々サロンで話をして島田君が私に連れ立って来る約束をしました。あの猛烈な小説を書く男が案外に稚気のあるのを不思議に思いました。

中食は相当に美味しく食べた。「一平（東京にある食堂の名前）で毎日宴会をしている様なもの」とは事実です。外人などは盛装でいて、食卓には様々な盛り花があり、音楽が奏せられてボーイがご馳走を運ぶ。友人の坂田、松元の様に人のご馳走を侵略する者がない。皆がつんと澄まして名前の知らぬ料理を食べている。知っているらしくしているから可笑しい。

デッキでは様々な遊びが行われます。輪投げ、デッキゴルフ、ピンポン、縄跳び等で大部分は外人の占領です。私の得意なピンポンで外人の鼻をヘシ折ってくれようと思うが言語が充分でないから遠慮している。

夕景から向かい風で船足は遅々としている。お陰で動揺も少なく横浜港内を徐行しているのと同じ有様です。従って晩餐は相当に進みました。米国と内地からの通信が新聞として発行されました。

八時半から食堂で活動写真があった。青山や渋谷で御前と二人で見た時の様に落ち着いた平和な感じは致しません。映画はイソベールという女を中心にしてエスキモーの雪国を背景にしたものでした。相当に美しい写真だが、旅にある私は落ち着いた心地がないので詰まらぬと言うより外はありません。

船の生活は単調ですがまだ淋しさに堪えられぬ事はありません。残る御前が淋しいと再三聞かされたが、私の境遇に比べると何でもないでしょう。煩わしい世帯から逃れてのびのびした心地がするでしょう。光のない生活だろうが、平和はあるでしょう。今の私には平和も光もありません。でも別れて見れば夫婦の有難味を知ります。私の前には二ヶ年の放浪と地球の一周があります。例の負けぬ気からでも落ち着かないとか淋しいとかは云いますまい。今晩はもう遅い。船は静かに歩んでいる。どれ褞袍《どてら》を着て眠ろう。

（注）島田清次郎（一八九九年―一九三〇年）大正時代の小説家。石川県出身。一九一九年に出版した『地上』で天才と呼ばれ一躍流行作家となる。最後は保養所で狂死。その生涯は杉森久英の『天才と狂人の間』に描かれる。

二十日

九時半に起きた。無精者も髭や顔は剃るし髪の仕末もして洋服を着るが、洵《まこと》に不自由です。褞袍でのそのそ歩けないのがもどかしい位です。

朝の内から雨が降り出して濃霧が立ちこめている。五分間毎に霧笛が吹かれます。波は静かで、船馴れたので不愉快は少しもありません。午後から島田君と話していると、市川、森島と云う二人の婦人と見知りになった。二人とも夫君はワシントンにいるので一人旅で逢いに行くと云う。二十四、五歳だがその意気の強さには感心しました。徒然《つれづれ》の旅は友を得易いので私達は旧友に会う心地で話しました。中でも森島と云うのは金沢の北陸女学校の出だから、金沢の下宿（筆者は旧制四高）の娘達の消息をよく知っているので益々興味深いのです。午後は全く此の女達の賑やかな笑いに終わった。

夜になって海は油の様に重い感じのする滑らかな波が見えて、雨で煙っている。春雨の湖水を渡る心地です。夕食には珍しい西瓜や上海の「赤蛙の足」のフライを食べた。八時からデッキダンシングが始まって外人の踊るのを見た。オーケストラの音楽は気持ちよいが、踊りはあの薄い夜会服でしっかり縋って動く有様は日本人から見ると当てられると云う外はない。船の連中が皆見物している中で平気で踊るのです。日本の女も踊ったが外人の背高なのに吊られているのは不格好でした。

デッキではまだ踊っている。オーケストラが聞こえる船は汽車よりも静かです。バス上がりの心地よいままで眠る。

二十一日――十時に起きてぶらぶらデッキを散歩した。波は静かで水鳥が飛んでいる。船から投げる食品の残物を餌について来るのだと云う。一昨日から連立っていた鳥なのです。太洋の中央に水鳥が遊んでいようとは一寸不可思議でありませんか。

午後温室で色々の人達と話した。外人は隣で十弗《ドル》を賭けてトランプをやりだしたが平気なものです。日本人にはこうした者はおりません。

夕食はアーティチョークと云う面白い蔬菜《そさい》を食べた。食物は命ずるに従って何でも幾品も食べる事ができます。大概の者はお行儀がよいので私も行儀よく多くは食べません。アイスクリーム、スッポンのフライ、ダック、ターキーのステーキ、ロブスターのご馳走等全て西洋の大ご馳走だそうですが、私には日本米、日本醤油の料理が恋しくてなりません。

晩の八時からダンスが始まった。お爺さんが踊るのは馬鹿らしく、若いのは癪と云うわけです。京大の先生と妻君（和装）が日本人のダンサーです。三十二、三歳だろうが馬鹿に若く見せて踊ります。見物がやんやと歓呼します。とても御前には出来ぬ芸当でしょう。

銅山の古河男爵（爵位の一つ、公侯伯子男の五階級）夫妻が来ているがダンスには出ません。市川という女は米国に二ヶ年位いたとかで踊れるが踊らぬと云う。これから毎晩踊りがあります。一等のデッキは春のように陽気です。日本の女も内地では「引込み思案」ですが船の中では外人の社交的な影響を受けて皆華やかです。模様など着て納まっている。一等の有様に比べて三等は全く可哀相です。室内の換気が不充分のために中はムッとする位です。余りに甚だしい差別だと思わずにはいられません。

二十二日

波は静かですが昨晩は夢が多く熟睡出来なかったので眠い心地です。午後日本語の出来る三十歳位の外国婦人と輪投げをやった後で外人の若夫婦のピンポンに仲間入りした。初めて私の英語を外人に用いたわけです。晩方からクルー（船員）の相撲があり外人の女達が喜んでいた。今日から華氏七十度位（約摂氏二十一度）の温度です。外人の女の衣装を精細に見た。桃紅の短い（大腿部まで）お腰様のスカートとコルセット、革帯があるだけで、その他の肉体は透けて見える絹糸網の衣服を着けているのです。内地の外人とは全く異なって露骨なものです。外人のローズ色の胸、腕、足がダンスで飛び歩く毎に美しく時には肉感的に見えます。浅草の歌劇の様に肉シャツでも着ておればまだしも全く半裸だから恐れ入る。然も海風が強いのでデッキは寒いが平気なものです。風邪にもかからぬらしい。伊達の薄着も彼等では極端に達しています。外人の女の色は日本人よりも好感ですが、近くで見れば至極荒い肌です。産毛がもくもく白く光っているのもあります。子供などは全く生まれたままの子猫と云ってもいい位です。七人ばかりの日本娘及び妻君が一等にいるがこれらの大部分は白粉を塗るから却って外人よりも美しい位です。（この船の外人の女は塗っておりません。）

さらに外人の女達の動作習慣を見ますと変です。酒、煙草は夫と共に平気でやっており、酔って踊るが腕を上方へ上げて曲げることができぬために不格好な踊りをする者がある位です。

ただ教養のある英国婦人やドイツの二、三人は極めて淑やかで温和、衣装など他から見ても欠点ないと思った位です。多くは読書に時間を費やしている。

子供の中には実際可愛いのがいて貰って行って見せたい位なのがあります。大部分は上海で乗船した家族だそうです。それで日本の子供と異って茶目坊だから面白い。この船にいる日本人は凡て外人に遠慮してか意気は全くありません。外人が我が物顔にしているのが癪です。

それから時間の話をします。横浜を出てから毎日三十分宛時計を進ませます。一日がそれだけ短いわけです。その代わり明後日百八十度の経度を越えるときに同名の日が二日あります。二十三日が二度続くわけです。一寸不思議に思うでしょう。

二十三日

矢張り寝坊です。乗船以来朝食にはまだ出ません。お昼前に甲板へ出ると快晴です。紺碧の海と波は無数のエメラルドを撒いた様です。船の乗切る波は澄み切ったプルシャンブルーに純白の雪を染めたように見えます。太洋の真っ直中は潮の色も異います。学士会を開くので掲示などしてお昼になった。スキヤキと名付けた和洋折衷のが一品あり久し振りで日本米を食べた。午後も短く過ぎた。ホノルルへ着く前に出す手紙を十通ばかり書いた。

晩方に二等のダイニングサロン（食堂）でクリスチャンの宣教師の説教を聞いた。賛美歌のみが面白く感じた。

赤ちゃんは生きているのか死んだかそれとも疑似妊娠であったたか？　お医者に見て貰ったかどうです。考えてみれば多少心配になる。外人の毛のモクモクした子供を見る度に何だか楽しい心地もする。福引の籤を引いているときの心地です。真実の妊娠ならば大切にせなければならぬ。その事は両方の兄さんへよく頼んでおいた。何だか早く蓋を開けてみたい気がする。

第二、二十三日

メリディアンデー（Meridian day 経線の日）と云って暦には無い筈の日です。早起きしてオートミール（エン麦の粥）と云うものを食べた。午前はピンポン及びスティック、クオイト（輪投げ）の競技があるので出た。輪投げは四点、ピンポンはカメロンと云う外人女とやって勝ち、優勝。輪投げには美しい古河男爵の妻君が出た。外人の男もすっかり「マイッテ」輪を拾ってやった位に美しい女です。二十三、四歳でしょう。桃紅の絹の網目の上衣に羽二重の格子縞のスカートを着ていた。甲板ではいつも婆やが付き添っている。

午後五時から和食で学士会を開いた。私が幹事役をした。二十名の出席があった。和食といってもお団子のような飯に臭い香の物で閉口した。

夜からクルー達の芝居があった。満員でよく見えなかったが出し物は「雪夕夜入谷畦道」入谷村蕎屋の場及び大口屋別荘の場、及び「積恋雪関扉」と云うもので私は全く知らないものです。外人は皆夜会服で劇場行きの衣装を付けた。お坊さんの数珠の様な長い輪を首に吊して半裸でした。京都のお医者の妻君と古河男爵夫人は渋い模様の着物に渋い帯を締めた和装です。御前が何時ぞや芝居へは「渋模様の着物」と云ったのを思い出してハハンと合点、間違っているか？　例の日本語の出来る外人の娘は今日昼前に日本娘の模様を借りて、刈上げなしに着こなし写真をとると云う。「よく似合います」と云うと「こんな髪で」と振り返って鏡を見て逃げて行った。外人の処女は茶目気があり初心《うぶ》で愉快です。外人のダンスが一方で行われ、芝居の拍子木音が聞こえます。私はダンス場で暫く森島と話して、バスに帰るとバスボーイは芝居見物に行って居ない。どれ眠るとしよう。

二十四日

今日は母の祥月命日（故人の亡くなった月日と同じ月と日）（明治四十年八月二十四日没。享年三十二歳）、明日は父（大正七年二月二十五日没）と云っても日本と太洋の東部とは一日日が違うから事実何時が命日やら判らぬなど常になく両親を思い出しながら寝そべって十時半に起きた。眩しい位に潮が光っている海は可成り波荒く見える。正午前に昨晩の学士会の連中とウインターガーデンで記念撮影をした。布哇《ハワイ》着までに出来るだろうと云う。なお本橋、島と云う札幌農学士と農学士同志の記念撮影もした。（本章扉写真参照）

午後から市川と話したが相当の初心らしさを保って米国化している女です。この女の話では古河夫人は三十二、三歳と云う。又、森島が二十七歳だと云う凡て意外でした。「化けた女は齢が判らぬと感じました。古河男爵夫妻は子供、親共に今年の一月流行性感冒で苦しみ、恢復全快して休養のために布哇へ行くと云う。金持ちはやる事が大きい。

今日、午後船の歯医者連中が集まって写真を撮った。十五、六人いるではありませんか。米国へ箔を付けに行くのです。大抵は若い人です。夜分は活動写真があったが見ないで葉書や学士会への報告原稿を書き、塩湯で心地よく眠った。

二十五日

　早く起きて夏服を着た。すっかり涼しい気持ちだ。お昼前に船の各部を見物した。横浜出帆以来七人の死亡があったと云う。寝棺に氷詰めになって積み上げてあるのを見た。これらは三等船客で比利賓土人だと云うことでした。二、三日前に続いて肺炎で死んだのだそうです。デッキでダンスをやっているその下では生死の境をさ迷う者、死ぬ者があるとは何と悲惨ではありませんか。

　午後、鳥島と云う布哇群島の一つが見えました。船の人達は皆見えると噪いでいます。何でもない島が航海では珍しくなるのです。燕も飛んで来ます。飛び魚も見える。明日の正午頃には上陸して見物するつもりです。（第一信終わり）

（付）大洋丸での房子宛私信の中から

「太平洋の真っ直中で出来たものです。可成り航海者の淋しい故郷を懐かしむ感じが出たと思う。私はこの詩の様に十七日間を過ごしているとお考え下さい。」

　　白き水鳥
　一　今、大洋は黄金の波を湛へ
　　　大空は七色の雲を流す
　　　遥か彼方に

焼け落つる日の脚は早し。

二

ただひとり白き水鳥
悲しげに鳴きつつ日の脚を追ふ
黄昏の攻め手は四方を囲みて
薄明の大空に白く彫まれし水鳥。

三

海を行く者落日の荘厳に
水鳥を見れば
黄昏は胸に沁み入り
遥かなる懐ひ出の光求むる。

四

夜の女神
懐ひ出の糸操る如く
数へいでたり星の数々
あはれ星と海を行く者。

第二信

四月二十六日

「ホノルルご見物ならお目醒めなさい」とボーイに起こされてデッキに出るとオアフ島の半島を回りかけている。海は静かで澄んでいる。漁船が点々としていてキラウェア火山の煙が淡い。艤でもいないかと見回したが朝の海は小波すらない。島の山は起伏して処々から炊煙が棚引く。「美しい島だ」昨日の鳥島にも噪いだ人達だからこう云うのも勿論だ。その内に右にゴールデンヘッド（又ピーク）が見え、左にパールガルフ（軍港）が見えるともうホノルル港に近い。岸の遠浅に波は白く砕けている。遠い彼方の家の屋根に日本の国旗を振る者がいる。同邦の多いこの島は本国の心地がする。埠頭に近付くとサーフ（土人）が泳いできて、貨幣を投げろと云う。深い海の中で投げた金を上手に拾う。銅貨だととらない狡い奴だ。暫くして私達五人は税関を出てタクシーに乗って見物に出掛けた。先ず電車が窓や囲いのない屋根、椅子のみの涼しさで、何処からでも乗降出来るのが面白い。自動車が非常に多い。全く東京なぞの比較にならない。道路がアスファルトで砥石の様だ。塵なぞ見たくてもない。店は銀座なぞ及ばぬ位なものが並んでいる。これでは東京はホノルルと云う小さな町にも劣ると考えた。

眺望の好いヌアヌ・パリでホノルルの全景を見た。南洋の木立繁茂は実に心地よい。この間に住宅が点在する。平和博の平和村にあったよりもっと形の面白い住宅が芝生の広い庭に建てられて、庭にはココヤシ、マングローヴ、パイナップル、パパイヤ、バナナが豊かに黄く実って、パンの樹が飾り物のように白い幹を直立して傘をさしている。名も知れぬ茂みの木陰には沢があり睡蓮が咲いている。ハイビスカスの垣根は花の満開だ。沈丁花もある。芝生には処々に海棠、カンナが花を持っている。芝生には外人の子が座って遊ぶ。若い娘が白い腕を半ば出した服を着てホースで芝生に散水している。この有様が山の緩やかな傾斜に数千軒並んでいる。全く理想的な田園都市です。

ミュージアム（博物館）を見に行く。立派な建物で設備もよい。土人の古い文明がよく判る。白珊瑚の立派なのが多数あった。

アクアリウム（水族館）も見た。美しい海魚、送った絵葉書の様に極彩色と云うより外はない。美しい都市と自然に囲まれた波の静かな湾は毎晩キラウェア火山の火影を宿して美しい魚族を遊ばしている。――お伽の夢の国はこれだ――満開の花の様な自然を持っているこの島からは甘い砂糖が第一の産物だ。なんと竜宮の都ではありませんか。

お昼を久方ぶりの日本食に「望月」と云う和食の家へ行ってあの美しい魚の味を見た。筍、胡瓜、蕗、豆腐、味噌汁、日本米、醤油、マグロ、五目ずし、全くご馳走です。私は横浜以来こんなに食べたことはありません。パパイヤ、西瓜のデザートは苦しいくらいでしたが嬉しかった。値段は一人前五弗（十円）これは安くなかった。それから製糖会社を見物して色々の果物を買い、絵葉書を求めて布哇郵便として送った。

当地には日本人が七万もいる、布哇全島には十一万と云う。町には日本娘のゲイシャガールズも三十名いると云う。中にはガールズの処へ行こうと云うものもいたが、私はそれほどの淋しさに襲われていないことを喜びます。夕景船に帰った。此処の活動写真を見るつもりでしたが男女二人連れでなければ入れぬと云う粋な風紀取締のために不可能でした。

大洋丸からは三十五人下船した。その内には古河男爵一行もいる。この美しい島で遊ぶ彼等は羨望に堪えない。

今朝の無線電報、及び布哇時事新聞、ホノルルスター紙を見ると、東京では二十六日午前十時、十五分間の強震があった、数名の死者及び横浜及び東京では破損があったとのこと、何だか物騒な年だ。布哇のキラウェアも熔岩が甚だしく上昇したと云うことで、内地を離れると色々とその有様を知りたいものです。

二十七日

七時起床、デッキに出ると船は桟橋を離れて徐々に進行している。美しい島を振り返る。再び見るときは幾年の後かなぞ考える。朝食に美味しいパイナップルを食べた。昨日から華氏八十度位（摂氏約二十七度）前後の暑さで上陸した時は日本の盛夏の心地だった。今日も又暑い。眠り足りないでぼんやりした心地です。平凡に一日が過ぎ去った。夜分例の塩湯に浸って扇風機をかけ涼しい心地で米国の鉄道について調べた。

二十八日

寝坊した。船は動揺しないが船客の甲板運動は下火になった。そろそろ船にも飽いて来た時です。今では船中の日本人は勿論外人との間も極めて親しいものになっただけ出発した時よりも家庭的な心地がする。サロンでは誰彼なしに話す様になった。今日も布哇の美味しい果物を食べた。布哇には大きいロブスターが捕れるのでその料理は洵に美味しい。

晩方から活動写真を見物した。露国の過激派革命を背景にした王子と田舎娘の恋物語でした。船の中では警察の眼が光らぬからキッスなどは全部写される。娘と王子の逢い引きなぞには可成りあてられた。大洋の中央を走っている船の中には芝居も活動もあるという便利な時代です。船の中では様々なロマンスや、風評を耳にする様になった。ある外人の女はプロだとか云うことなども知らされて来た。二等の船客に若い夫婦がいる。最近結婚してすぐ出発したのだがその若い妻君は船の中でホームシックにかかって早く帰国せよと夫に迫って、夫の云うことも聞かないで半ば狂乱的だという話がある。理解のない二人が間に合わせ的に結婚で結びつけられて、すぐ出発するとすれば結婚生活の最初の苦痛が船の淋しさの苦痛と加わって甚だしいホームシックが起こり得ることを想像出来ませんか？

この夫婦ばかりではありません。大部分の船客は故郷に恋しい人達や山川を残して来ているのです。前途の不安は故郷を益々美しいものにします。私には希望に充ちて行く人は僅かに夫婦者と市川夫人だけのように思われます。この船は美しい恋の炎と、淋しさの塊、移住民の哀れさを乗せて走っています。

二十九日 ―― 朝方に妙に御前のことを思い出した。過ぎ去った十ヶ月の懐い出に虜われて寝坊した。充分覚悟して出発したものの、今日は淋しい心地がした。

冬園へ出ると日銀の星埜という老人と、山田わか子女史（注）の夫の老人とがいて、話は農業政策に及んだ。老人が私に議論してきたから大いに論じた。お陰で山田と云う人はなかなか社会学に詳しい人だと知った。山田女史は御前なぞが読者になっている著者ですね。

午後からサロンで米国新聞広告を見て、写真器械の安いこと、及びピアノの安値なのを知った。帰国のお土産にピアノでもと考えてみた。米国では最上等が三百七十弗です。日本の八百円です。中位のは五百円で買える。一等船客は運賃がいらない関税だけです。もし独逸で適当なのを発見し、日本より相当に安く、関税が少ないならば買って帰る気です。誰かの話では三越で千二百円もすると云うのは事実ですか？　晩食は和食でした。サザエなどあった。今夜はもう遅い十二時です。もう四日目に桑港（サンフランシスコ）へ着きます。
（注）本文には「わか子」であるが正しくは、山田わか（一八七九年—一九五七年）明治、大正、昭和期の婦人問題活動家、評論家。神奈川県出身。十六歳で結婚、実家没落してそれを助けるため、一八九六年アメリカへ売られ娼婦となる。キリスト教に入信し、在米民間学者の山田嘉吉と再婚。一九〇六年帰国。平塚らいてうの『青踏』などで評論活動。一九二〇年『婦人と新社会』創刊。

三十日——九時起床、朝食はしなかった。午後デッキスポーツがあって日本、西洋娘達のクラッカーを嚙る競技もあった。午後山田氏と話して、伊勢原町（神奈川県）の人であること及び大磯の漢学塾（房子の女学校の前身）で漢学をやったこと、その他について感ずべき話を聞いた。晩は面白いこともなく入浴して眠った。

五月一日——早起きして朝食に出る。一等運転士が同じテーブルにいて話した。出発して以来二回目の雨が静かに降っている。布哇通いの帆船が墨絵の様に走って行く。凄い貌の雲が水平線に聳えて動かない。

平凡の内に一日は過ぎ去る。晩飯に仮装した人達が並んだ。外人の男女に日本人の男女が少々仮装している。或る者は女になり、女が男になる。芝居の衣装を外人が着ると云う有様だ。就中《なかんずく》、外人のあるミスはテーブルクロスを着て腕及び乳から上の肉体を曝露していた。京都の歯医者の妻君はモーニングを着て髭を作り紳士になった。外人の少女がソークイーンに扮して、食堂は拍手で割れるばかりだった。

食後これらの連中がダンスを始めた。テーブルクロスを着た女は腕を上げる毎に腋下の赤毛が見える。歯医者の妻君と若い外人の男は妙に顔を動かして同時に大きなお尻を左右に振る。その有様は全く百鬼夜行と云おうか馬鹿共と云おうか、兎に角米国人及び米国化した日本の男女は低級趣味でシンプルな連中だと考えた。

ケビンの中には便器がある。その用い方を私は知らなかった。今日聞くと夜分夫婦者のいるケビンではワイフが小用をすると夫が捨てに行くのだと云う。そして捨てるにトイレットの洗面器の中へ入れたのを見たという。外国人は如何に表面的な公徳、衛生を持っているかがこの小水の話と今日のダンスで明らかに証明された様な気がする。明後日は桑港上陸です。

二日――早起きの練習も必要だと思って七時に起きた。波風は可成り荒い。桑港の近くでは常にこの様だと聞いていると云う人がいた。船は右舷に急角度の傾斜をなして走る。水夫はボートの処分に躁いでいる。食後甲板に出てもサロンに行っても船客には落ち着きがない。所在なげに話し合う人達は皆家族の様に見知り合った同志です。呉越同舟と云って船の中では地位の高下も度外視して交際するから面白い。

夕食はサヨナラディナーと云って船のお祭りです。送別会です。ご馳走でした。今日船員の連中に心付けを渡した。その額は邦貨の五十円位にのぼった。

明日は早くゴールデンゲート（金門海峡）を通って桑港へ着くから早起きせよとの達しがあった。バスを使って荷物等をまとめて十時頃眠る。（第二信終わり）

2 桑港《サンフランシスコ》、シカゴ

五月三日　サンフランシスコ着

カリフォルニア大学バークレー校のギリシャ劇場

第三信

サヨナラディナーのことに就いては第二信では充分に書きませんでした。船の郵便が六時に締切られるのでこれに間に合うためには止むを得ないことでした。

五月二日（補遺）

ご馳走はメニューにたくさん並んでいる。食卓の中央には飾り菓子の大きいのがある。各々には美しいクラッカー（紐を引くと爆音をたてる紙筒状の爆竹）が配られてある。ボーイに聞いて二人で両端を持ち引き裂くとポンと爆竹の様な音がして中から占札が出た。食卓のあちこちでポンポンと音がする。食事が始まるや各々に配られた五色の細いテープが知人、愛人の方へ投げられる。人気のある者は食事が困難な位にテープが蜘蛛の巣の様になる。私も面白半分に後ろ側の外人の美人娘へ投げる。娘は一寸目で会釈して受けた。その内に船長のテーブルスピーチがある。デッキスポーツの勝者へ船中最年長の外人が賞品を渡す。一人毎に拍手で食堂は割れるばかりだ。暫くするとシャンパンが出る。船長のために乾杯する。外人はオールドラングザイン（「蛍の光」）を唱う。オーケストラがこれに和すると云う一大歓楽境を現出した。

一般に外人はスピーチに歌に甚だ盛なるに反して日本人の意気は消沈している。島田君がこれを憤慨した。今日は最後の晩だ。外人はダンスに踊り狂う。私は落ち着いて褌の紐を引き締める。外人の女達は終夜眠らないで話し歌っている。彼等の故郷、恋人に明日の正午前に会えるとなれば眠られぬと云うのも当然だ。――船員ですら日本へ入港する時は嬉しくて眠れぬという位だから――私は外人の喧噪で熟眠出来なかったが充分同情しえたので不平は起こらなかった。

三日――

眠いけど早起きして荷物等の始末を終わり甲板へ出る。米国の山が間近に見える。潮の色が変わった。緑色だ。陸に近付けば大洋の清澄な潮はない。ゴールデンゲートに向かって船は進む。検疫官の船が来る。右のフォートポイント（要塞）には砲台及び兵営が見える。ゲートは三町位（約三三〇ｍ）の巾だ。岩礁が処々に見えるから船は徐行して進むと急に豁然と開けて湾をなしている。桑港の町の一部が見える。ホノルルと異なって白、赤の方形の建物のみが樹木の少ない傾斜に沿って建ち、墓地の様な感じがする。此処で移民官が乗船してパスポートを点検する。私達はオフィシャルだから別室で至極簡単にすんだ。船は埠頭に近付いた。波斯丸がまだ碇泊している。小さい船だ。こんな船での太平洋の航海は甚だしい苦痛だろうと考えて乗らなかったのを喜んだ。オワーフ（埠頭）に着くや直ちに下船すると、私と同時に出た外人の若い女が待ち合わせた若い男を抱きしめて音の出る位なキッスをした。先ず最初の中毒だ。丁度十時だったがトランクが船から出される迄には可成りの時間を徒費した。私がトランクを開けて待っていると税関吏が来て大雑把に見てオーライと云った。無事無税で通過した荷物を運送屋に依頼して、落ち着いて税関入口番人の身体検査を受けて出ると、突然私より二尺（約六〇㎝）も高く大きい男が私の腕を子供摑みにしてデーク・ユー・タクシーと云う。私はややどぎまぎしたがノー・アイゴー・ツ・オガワホテルと云うとホテルの出迎人がいて飛んで来た。幸いに小川ホテルと云う日本人旅館で一室を借り受けた。島田君と隣り合わせている。岡という島田君の知人と連れだって無線電報を打つ。料金は一通五弗七十仙《セント》で一寸驚く。すぐ近くの住友バンクに白尾君を訪れる。旧友は何処までも心地よい春風に吹かれている様な気分だ。明後日の再会を約して帰ると、鈴木商店（注1）の中君が来ている。明日会合する約束をして島田の知人達と支那料理で晩餐を摂った。岡と云う人は大杉栄（注2）等に組する社会主義者の一人です。なかなか面白い世話好きの人です。夜になって同宿の人達と散歩して絵葉書を求め、マーケットストリートへ行く。タクシーの多いことは全く言語を絶している。町の両側は自動車の行列です。町の横断は危険の一つです。桑港の物価は日本と相異少ないことを見た。洋服は多少安いかと思う。写真器械も安くはありません。建物は二十層に及ぶものが櫛比《しっぴ》している点はホノルルの比ではない。道路も立派です。米国の物質文明には感心した。十一時頃帰って来ると他の同宿人がスプリングを求めて来ている。甚だ露骨なものですが面白いお土産だ。外人のものだから益々よい。昔の日本物の写真もある。これらは到底日本では需め得ない物です。

十二時臥床する。ダブルベッドで寝心地がよい。カテドラル（大聖堂）の鐘が鳴る。東京と同じ様に電車の音がする。

（注）1　鈴木商店　第二次世界大戦前に存在した大商社。

2　大杉　栄（一八八五年―一九二三年）大正時代の無政府主義者。

四日

早く起きて市街見物に出掛ける。一行五人連れである。先ずシティーホール及びパブリックホールを見る。バンネスアベニューを通って海岸に出る。途中にはゴールデンゲートの砲台が露出して多数ある処を通過して、ストロハイトにて全市を見て海水浴場に出る。全市へ配給する塩水の吸水管が海中にありシールロック（オットセイの飼育岩）には珍しいオットセイがいる。海岸は凡て石造りで美しい海岸通りが出来て砂浜には呑気そうに人達が遊んでいる。それからゴールデンゲートパークへ行く。広い公園にはユーカリ、黒松の植林がしてある。芝生が毛氈《もうせん》の様に美しい。噴水やシャワーが虹を画いて水煙を芝生に撒く。日本式茶庭を見ると、日本のあらゆる建物様式と置物類が配してあって様々の下駄類が茶亭に並べられ、藤までも咲いている。その側に大仏様が呑気そうに座っている。日本娘と婆様が渋茶に日本の煎餅を出す。この内に辻占《つじうら》の入ったのがある。開いて見ると英語でThe garden was wild, and scene was sad. But the heart of the Hermit（世捨て人）were Pleasant by her smile. と書いてあった。つまり恋が成立して嬉しくなった辻占だ。どうも私は米国へ来るまで淋しくてシーン　ウオズ　サッドだったのに米国へ上陸して恋が成立して晴れ晴れした心地になるのだとも考えられる。これは容易ならぬ問題が御前に降りかかって来た、どうします？……桑原々々。大仏様は素知らぬ顔でにこにこ笑うと八重桜の花びらがお顔を撫でて虹橋を架けた池の鯉を驚かす。この公園は多少日本を思わしめるが雑多でご馳走が多く気分は破壊されています。次いでコンサートホールを見る。日比谷の音楽堂は玩具《おもちゃ》だ。美しい茂みの中に椅子が多数並べられて周りには三色菫が美しく咲いている。このホールに並んでミュージアムがある。立派なものでここの芝生は殊に麗しい。文化の淵叢《えんそう》（物事の多く集まる所）たるミュージアムの向こうには剣を握って刃向かう銅像がある、その対称の妙なのに感心した。

「大和軒」で日本食をして、日本人町を見物した。四時半頃私は約束があるのでタクシーで帰宿すると中君が来て晩餐を共にして後タクシーでカリフォルニア（モーションピクチュア）シアターへ行く。立派なもので帝劇よりも広い。建物の材料は悪いが堂々たるものです。短編物で月刊雑誌の著名記事を活動写真にして読ませる物です。新しい傾向として甚だ気に入った。途中オーケストラがあり様々な楽器が奏せられて、その後新しい傾向の写真を見た。それは猫、鳩、雀等を馴らして活動の役者に用いたもので誰をも感心させます。又、ポンチ絵式の人形図が様々な動作をするものがあり、お化けに巧みな仕掛けのあるもの、無線電信力により機械を動かしこれが様々の動作をするものがあった。又、本日の新しい新聞記事及び写真、最近の各地の出来事の写真等が説明と共に写された。この傾向は活動写真を教化的に用いる様になる前提と見られる。日本の様に残忍と悲劇のものに終わり何等教化的でないのとでは甚だしい差異だと思った。

九時頃帰ると桑港の対岸にあるバークレーから盛永君が来ている。一時間ばかり一別以来の話をした。明日の再会を約して別れた。

五日――昨夜は遅く眠ったが早起きした。船中での唾眠の貯蔵は今応用できるというものです。実は昨夜は種々過ぎ去った生活を考えて追想に慰安を求めたからです。午前九時過ぎ盛永君が来て日本領事館へ行く。副領事は呑気顔で色々と日本の状態を聞いた。この間盛永君は古い時事、朝日等の日本新聞を見ている。大洋丸が運んだ四月十七日のが最新だというから驚く。それでも読みたい位に旅の淋しさが迫っているのを同情しなさい。正午、館を辞してブキャナンストリートの日本人街の日本書店を見た。例の珍画を買い入れた。少々挑発されるがなかなか面白く芸術品だと思う。旅行のさい税関で発見されると多少悪いと聞いている。温厚な盛永君でも興味があるとみえて買い求めた。日本人町から帰って日本食堂で昼食をすると、日本娘の愛嬌のあるこが英語混じりで面白く話す。異境の日本娘は親しみがある。ここを出て盛永君の案内で湾を越えて対岸にあるバークレーへ行く。湾の美しい風景を見て埠頭に着き十五分でバークレーに入った。盛永君の下宿は外人の母と娘の家で山本と云う三重高等農林へ来る人がいる。丹生君も来た。夕景からカリフォルニアユニバーシティー（加州大学）を見る。男女共学の大学で女の威張ること甚だしいと云う。男女の学生が各二人連れで木陰の芝生で楽しく話している。日曜日など後ろの山へ登ると二人の男女学生が膝を枕にして寝ころんでいるからあてられること甚だしいそうな。男女は二十～二十五、六の元気盛りです。あれ位に親密では貞操など零だろうと話が決まった。

学校には立派な図書館とグリーキ・シアター（本章扉写真参照）がある。このシアターでは男女学生が役者になって芝居をやる、音楽及びダンスをやるのを観覧席にて多数の学生が見物する仕組みだ。男女がキャキャと云って共にテニスをやるベース（野球）もする。思えば学校は美しい。後ろの山のユーカリ樹は茂ってローン（芝生）の緑はベルベットの様で草花が点々としている。温度は一ヶ年の大部分が華氏六十五度（摂氏約十八度）位だという。楽園の中で学生達は自由の天地に自由の恋を囁く。再び若返りたい心地がして血は躍る。然し日本人排斥のこの地（注）ではよい外人娘が恋の相棒になってくれそうでない。この学校の女達は服装も美しく化粧を濃くして書物を抱えて歩いている。よいのもいるが私達を軽蔑の眼で見るのもいる。これに代えて男子の学生は貧相な姿だ。それは女達に着物や身道具を買ってやるために貧相なのだと云うので益々驚く。物質文明を第一とする米国の女学生の一部には売笑婦的な行為のあることを否定できないように思う。勿論学生の間にはいわゆる紳士淑女の交、プラトニックラブのあることも認めるが、この点のみを認めて共学を唱説し得るだろうか？

聞けば米国の学校は勉強するのではなく、楽しく暮らす処らしい。恋人を発見して交際より結婚に入る。男女社交倶楽部と云ってよい。堕落した男女の交際の産物――子供――が余りないのは何かと云えば彼等の寝室の設備及び交際が自由のために避妊を行う猶予があるらしい。反対に女の威力は、道傍の人に自分の仕事を命じ得る位だからその為に男性の性欲は遠ざけられているか、或いは極めてピュアーな恋になるらしい。私は彼等の社交界に入ってその真相を知り、この豊満な恋の楽土に蘇生したい心地がした。血の涌くのを覚える――でも白人でないからねハハハ。

後、山本君達と夕食をして一人桑港へ帰る。途中のホールドアップを恐れて三百六十弗の札入れを山本君に託して明日持参を願った。なんと元気のない話ではありませんか。途中は事もなく十時半頃に帰宿した。島田君達は何処かの見物に行ったかいない。多少落ち着いた心地で日誌を書いた。

（注）一九二〇年十一月、カリフォルニア州議会で排日土地法案が可決、日本移民が集中した同州で低賃金、悪習（不潔、賭博、売淫）、非同化を理由に排日運動。一九二四年排日移民法成立、日本移民は禁止される。以後、移民先はブラジルとなる。

六日

九時起床、十時頃山本君が例の札入れを持ってくる。話し込んでいると十二時になる。「竹の家」という例の可愛い娘の家で昼食をして、サターストリートやブキャナンストリートを散歩して、マーケットストリートの繁盛を見た。全く危険な位にカー（自動車）が通る。帰路『米国に於ける日本人』と云う書を求めた。米国の日本人会の人に会う心組で行くと事務所は閉鎖されていた。ホテルに帰ると中里と云う船の友人が来て話し込み終わる。夜になった。別に什事もなく新聞等を見て眠った。

七日

八時半起きた。中里と云う大阪の商人の処へ早朝行く筈だったが遂に果たさなかった。十時出発バークレー郊外のサンパブロ山中にあるサンパブロダムを見物に行く。バークレーから自動車を走らす。美しい郊外のアスファルト道を走ること十哩ばかりで山中に入った。草の緑の鮮やかな丘の傾斜面には牛が放牧されている。平和な春風が吹いて野生のあぶらな及び芥子の花を動かす。エアシアー牛は乳房を膨らまして元気に嘶く。馬の牧畜もある。暫くするとダムは黄褐色に見える。岡の谷間にはユーカリップス（ユーカリの木のラテン語）の叢林があって乗り捨てた自動車が此処彼処に散在してある。自動車の主は草原の中で子供達と軽便なテーブル椅子を備えて中食をしている。日本の遊山なのだ。中には華やかな若い男女の群もある。ダムの下で下車、ダムに登ると谷間を堰いで可成りの湖水が出来ている。バークレーその他付近の水道及び製油会社へ水を供給するために雨水を貯蔵する東バークレーウォーターカンパニーの工事だと云う。同行した土木工学士連中は専門家の立場から様々に論じていた。一時頃バークレーに帰って、カフェテリアと云う自分でご馳走を見立てて運び食事する処へ入った。手軽なのに感心した。三時チルデン、ジョンソン二人のテニス試合をバークレーテニスクラブで見た。デビスカップ戦で世界の選手権を得た著名な人達です。例の熊谷、清水（注）の二人が負けたと云う男だ。入場料を一弗半も出して充分には見えないが、大して上手とも思えなかった。例の大学男女生は相携えて観覧席にいる。大抵は着飾って厚化粧で男女の二人連れだ。しかも女達はキャッキャッ噪ぎ大威張りです。珍しく雨がポッポッ落ち出した。ゲームは最中であるが私は小用を催し盛永君の下宿へ行く。丹生、山本君などマンドリンを奏して喜んでいた。夕景に下宿を辞す、急に寒い風が吹いて外套の襟を立てた。

テニスを見ているときに嘗て女子大学の運動会を見た時を想起してうら悲しい感じを抱いた。盛永君の下宿は朝晩食付きで四十三弗だと云う。文部省からは百七十五弗位支給されるから、バークレーでは夫婦で可成り贅沢に生活できる事など考えてホテルに着く。夜、中里君が訪れて十時過ぎまで話す。

（注）熊谷一弥（一八九一年—一九六八年）大正時代のテニス選手、アントワープオリンピックでシングル二位。

清水善造（一八九一年—一九七七年）同上、一九二〇年ウインブルドン全英選手権決勝でチルデンと対戦惜しくも敗れる。

八日——八時起きて、名刺屋へ行き三重高等農林学校教授と云うのを英文字で注文した。それから日本人会へ行き矢半田と云う加州大学の農学士に会って加州の状態を聞く。一時頃になって例の「竹の家」で食事をした。午後日本領事館へ手紙でも来ていないかと見に行き書店を覗いて書物を買い入れた。住友銀行の白尾君を訪れ今晩話する約束をした。八時頃白尾君来る。色々友人の動静を話した末、加州（カリフォルニア州）の農家の二、三年前に於ける成金状態や、ホールドアップの話を聞いた。時に電車の中でもやられると云う話であった。十一時頃白尾君帰る。珍しく雨降る。当地方は四月〜九月迄は降雨がないのが通常だと云うが今年の天候は異常なのでしょう。

九日——七時に起きてサクラメント行き（州庁訪問）の用意をした。対岸のバークレーから汽車に乗ったのは十時二十分前だった。隣にいる日本人らしい者に話しかけると支那人だ。支那人に向かっては私の英語でも大威張りです。汽車は湾の周囲に沿って走る。泥海に重い波が動いている。暫くで大きい川に来た。汽車を船に載せて対岸へ渡す。広い汽車の中には乗客も少ない。黒人が芝居の中売りの様にシガアー、キャンディーと呼んで車中を歩く。その内に列車は平原へ出た。沿道にはゴールデンカップ（金盛花）、ラヌンクルス（きんぽうげ）うんだい（あぶらな）が、共に黄色い花毛氈となっている。向こうの丘陵は牧草の鮮やかな緑の中に点々と牛馬を遊ばして平和な白い雲がその上を流れる。ある処はシュワンプ（沢）で燈心草（いぐさ）が茂って細い柵を周してある。ゲンセ（ガチョウ）の牧場だろう。水田にでもすればよいのになど考えた。汽車は益々田舎へ入る。広い燕麦や大麦の畑は続いて真に一望千里の感がする。麦の中に相変わらず菜種が混じって美しい。ホイメカー（農夫）が草を乾す傍らで牛が汽車に驚いて跳び廻る。処々にキャンプという農夫の小屋がある。極めて粗末なもので屋根も板で出来ている。遠いロッキーの山には雪が光って汽車はシャワー（驟雨）の中へ入った。

午後一時頃サクラメントに着く。凡そ八十哩位も走ったのだ。黒人のタクシーで州庁へ行った。このお役所はカリフォルニア全部（それは日本の国全体よりも広い）の中央官庁なのだ。州知事に面会して農務課長へ紹介を貰う。初めて外人と握手した。案内人を連れて農務課へ行くとヘッキと云う人がその長だ。話してみたがなかなか言語が通じないで困った。握手もして排日気分は全く無い様な感しがした。技師のリードと云う者も来る。下手に話すより書く方が早いと思って紙に用向を書くと、上手に書くと云って驚き、かつアー・ユー・プロフェッサー（教授ですか）を繰り返した。私と同年配のリードは教授として私が若すぎるのが不思議らしい。次いで旅程を聞く。私は英国、ドイツへ二ヶ年間旅行すると云うとオー・ベリー・ナイス・トリップ（まあ、なんとよい旅行でしょう）などと云って羨ましがる。調査報告書を二冊貰って話していると十五人ばかりいる女のタイピストがちょいちょい私を見る。その内、米国米作者協会があることを聞いた。早速その幹事に会いたいと云うと電話で呼んでくれる。ファガンと云う男だこれとも握手する。私の言語が明瞭でないからと云って、日本銀行の支店へタクシーで連れて行き板野支店長に通弁（通訳）をさせる。質問の要綱を書きとって協会へ行くとこの協会は少しも材料を持っていない。徒に時間を費やすのみだった。此処でも二、三人と握手した。今日は握手の大当たりだ。

四時半頃、黒人の自動車で電車場へ行き五時サンフランシスコへ向かって出発した。線路が悪いのに馬鹿に速力を出すので、恐ろしい心地がする。広い野原に夕陽が照って、綿羊が静かに電車を見たり、又はキャンプの子供が浅黄のパッチの破れたのを履いて変な上着を着て電車を見物する。これ等の内には同邦の子供もいた。曠野に隣の遠いキャンプが見える時は心細い淋しい感じがした。この電車も濁流の河を汽船で渡る。ここで日本農夫の若い夫婦が乗車した。キャンプから遠い町へ遊びに出るらしく着飾っている。写真結婚で日本から来た女だろう。この淋しい単調な野原の二人のキャンプ生活は真の倦怠そのものだろうと思う。女は晴れ晴れと夫に笑って見せた——でも楽しいかしら——故国を二ヶ年離れると云って淋しい私には、堪えられない同情心が涌いた。国、故郷、両親を残して遠い異境の見ぬ夫と写真結婚する女は、娼婦として南洋へ売られるのと同じ悲哀を感ずるだろう、など考えている内に電車は丘陵の茂みの中へ入った。

この茂みの中にもみすぼらしい家が小さい集落をなしている。山で牧畜する人達の家で中には日本人も多いらしく枝折戸の形で判る。鳥居の様なものもある。山の頂に家畜が鳴いているままに放置されている。夜が来た。電車は猛烈に走る。バークレーで下車して盛永君達に明日シカゴへ出発することを告げる心組でいたが、乗り越して八時三十分桑港へ帰った。夕食を例の娘の処で食べた。今晩女は美しく見えて親しみを帯びた甘い口調だ。東京の話などした。急に渋谷の家のことを考えた。宿屋で入浴して、今日会った州庁の人達へ礼状を書いた。

明日午前十一時、シカゴ行きの急行に乗る。四日間の汽車の旅が始まります。（第三信終わり）

第四信

五月十日

桑港を出発する日だ。早起きして荷物を整えた。切符はホテルの主人が買い求めて、トランクは鉄道に依託された。宿払いをする。汽車賃は百弗、宿代は三十五弗でした。十時ホテルの主人と中里と云う若い大阪の時計商に送られて、フェリーの渡しで越えてオークランドのステーションに行き、シカゴ行き最大急行列車に乗った。プールマンスリーピングカーという一等寝台車です。乗客は全部外人だがゆったりしているので心地よい。十一時半に出発した。昨日通った処を過ぎて、汽車は丘陵地からロッキーの山へ進む。傾斜地には果樹園が見えたりキャンプの風車が静かに回ったりしていた。この景色はやがてパスチュア（牧草地）の美しい丘陵に変わる。ショートホーン（短角牛）が短い草を食べていた。夕景にはもうロッキーマウンテンに近付いた。山には冬枯の木が枯れたまま立って、雪が谷間に光り、赤い岩角が聳えている。高山に発見するモーアボーデン（トルフ、ラント泥炭地）で矮生の木がある高原もあった。次第に山に入る。原生林で斧のまだ入らない山林には冬枯の木とパイン（松）が生存競争をしている。惨めな敗残者は大きな幹を風に吹き折られて横たわっていた。汽車はアメリカン駅で可成り停車した。下車して見ると谷は深い。嶺へ吹き上げる風はスチームで火照った顔に生気を与えた。それから汽車は急傾斜を左に右に深い谷を見て走る。雪囲いがあって親不知（新潟県）の様な処だ。夕食に食堂へ行く。ウエイターが私を招いて黒い髪の人種不明の婦人と向かい合わせのテーブルへ付かす。多少不平だがブロンドヘア（金髪）の中では仕方がない。そこそこに終わってシートへ帰ると黒人のボーイが来てシーツを換えて床を造る。終えるとオーライトと云って黒い顔を向けた。

九時床の中へ入る。なかなか広くて心地よい。豆電燈が二つ点されている。広軌の汽車は揺れないから船よりもよい。国のことなぞ思って私はロッキー山中を走っていた。シカゴ領事の処で御前の通信が見れることを楽しみにして眠った。

朝方私は御前といた。やや（赤ん坊）が動くと云う。私は耳をお腹へ当てて聞いたが聞こえない。御前は何か私に云ったが聞こえない。不思議に思うと目が醒めた。クッションへ耳を強く圧し当てていた。

十一日

七時に起きて、スモーキングカーへ行く。朝食をして、また此の室へ入る。バーバーの室へ行って髪を刈る。外人の爺さんで私が「いいお店ですね」とご愛想を云うと、「日本人かい?」と云う。大将、図体の割に下手だ。そのくせ色々な薬品や機械を用いる。髪を洗って電気仕掛けの熱風で乾かすなどのことをやる。ひげ剃りで二ヶ所ばかり切る。汽車の中だから無理もないが傷口へ薬を付けるが非常に痛い。丁度一人の外人が来て、「じきに終わるかね」と聞くと大将、「このボーイはまもなく終わるよ」と云って私を小僧扱いにする。なるほど図体の大きい奴から見れば青二才に見えると合点した。理髪料一・五弗には驚いた。

カーのトイレットで見ると頭の分け方など出来ていない。外人の不器用を痛切に感じた。私のシートは今日ポーカーと云うトランプ遊びに五十仙の銀貨を投げ取りしている博徒達の占領する処となった。隣に座っていると博打の親玉が私を慰めに来る。暫くすると隣席の若い男が話しかける。私の名前を聞く。桑港で作った名刺を出すと、例のア・ユー・プロフェッサー（教授ですか）が始まる。外人等には信じられぬと見える。この若い男はバッファロー（ナイアガラ瀑布に近い市）のエドワード・ジメネツと云う男だ。日本の状態など話す。判らなくなると書いて筆談する。私の文章や発音を訂正してくれる。桑港で買い求めた日本のゲイシャガールズの絵葉書を遣ると好きだと云う。ジメネツは近い内に日本へ行くから裕福で教育の高いこんな娘を世話せよと云う。日本語を教えよと云うので、アイウエオなど書いてやると熱心に覚え出した。

汽車は山間の単調な景色を縫って走る。時々獣の様な土方が汽車を見送る。四時頃著名なグレートソルトレイクに近付いた。広い湖水には周囲の白い山、赤、緑などの山が影を投じて、細い波がある。鷗《かもめ》の様な鳥が群れて水に浮く。銀色の魚が跳ねる。塩水で水泳は至極容易だと云う。最果は見極めることが出来ぬ位広いのです。この中央には大、小の島があってこれを連ねて木橋がありこの上を汽車が走る。日本の頑丈らしい鉄橋を見慣れた者には今にも破壊しそうで恐い思いがした。一時間ほどでレイクを渡る。日本の琵琶湖の景色に比べては何でもない景色だが山間の淋しい中にあるから著名らしい。暫く汽車は高原を走る。低い処は樹木があり放牧されている。この近くのソルトレイクシティにはモルモン教の寺院がある。かって一夫多妻を主張した信仰だったそうで、男には都合がよかったかも知れません？　ジメネツと話していると、私の後ろのホフマンと云う桑港のピアノ教授が「ホームシックにならないか？」と云う。「この国のすばらしい景色を眺めて旅しているのでホームシックにはならない」と私が云うと「それは結構だ」と答えた。夕食はジメネツと同じ食卓ですまし、トイレットで喫煙する間話していると、ワイフがいるかと聞く。私がリングを見せると「写真を見せないか」「持たぬ」「シカゴで女と逢うか、一緒に行くか？」と聞く。「いいえ、私は結婚している」等の会話が交わされた。私はアメリカでは結婚したものが女と逢うのかと云うと、多くの者がすると云った。側で聞いていた外人がジメネツと早口に話し出した。私のことを云っているらしい。ジェントルマンだと説明している。

それから日本人はロングパイプ（長い煙管）でオーピウム（阿片）を吸うかと聞いた。

私は法律で強く禁じられていることを説明して、米国の各地に阿片中毒のために毎日コカイン又はモルフィネ注射を受ける女が多数いると聞いていると紙に書いて見せると、多数いるとの返事だった。阿片を続けると中毒のためにコカインを注射しなければならなくなり、注射を受けると天国へ行った様に面白い楽しい夢を見るのだと云う。米国の上流婦人及び醜業婦（売春婦）は非常に享楽主義でダンスをやり、貞操観念は乱れて遂に阿片にまで堕落して行く有様を想像した。米国には文明の反面に短い人生を享楽に過ごそうとする低級な人生観があることを知った。

十二日　早起きして朝食を済ませてスモーキングにいると、ホフマンがグードモーニングと云う。ジメネツはまだ起きないらしい。隣にいる爺さんが、何時だと聞いて「何処へ行く」「何しに」「何歳」など云う。自分で八十歳だと云うから、私が「健康な人だね」と返事すると、発音が悪いために判らない。紙に書くと爺さんも返事を書く。私より下手だ。向こうにいる偉そうな人と私の噂をしている。偉そうな人は「彼は日本で高い教育を受けている」と云って私に向かって「お前は直ぐ英語を上手に話すようになるだろう」と云う。多少嬉しいような気がした。

汽車は朝方雪のある山中を走っていたが暫くで放牧地の続く丘陵地へ出た。牛、馬、豚が群がって農家は加州のキャンプではなく倉を持っている様な家だ。谷間に造ってある。

私が席へ帰るとジメネツは起きていた。グードモーニングと云えば昨日覚えたオハヨウを云う。面白い男だ。

汽車は今低地を走っている。ウィロウ（柳）が茂っている。僅かに芽出した草を家畜が食べている。ロッキーの高地からネブラスカの平原へ向かっている。汽車の速力は早い。ポプラに囲われた旧家らしいものもある。駅々にはエレベーターウェアハウスがある。米国の穀物取引の一つの機関です。馬鹿に暑い、車中の寒暖計は華氏八十度（摂氏約二十七度）です。汽車の進行につれて木の芽の成長が大きい草木も見える。丘には四頭立の馬で耕作しているのもある。四時過ぎにオマー市に着いた。可成りの都会で穀倉など大きいのが列をなして、フルーツエキスプレスの列車がある。農産物の中心地だ。夕食しているとオマーの郊外にあるミシシッピ川の上流（ミズリー川）を通過した。岸の建物と柳の影が静かな水に流れていた。夕闇の迫る野路を夫婦で自動車を飛ばしているものもあった。最後の晩だとジメネツは云って私と話した。日本の芸者の説明をさせられた。三晩目の眠りをとる。夜半に歯がポッキリ折れた夢を見た。旅にいてはこんな事すら気にかかる。

十三日

シカゴへ着くのは九時だ。早起きして朝食をすませた。木々の青葉は日本の五月初旬と殆ど同じ。蒲公英《たんぽぽ》が櫟《くぬぎ》の林の下に一面に咲いているところもあり、マハレーブやチルリーの白い花を持った木もある。シカゴの郊外は美しい田園都市をなしている。九時前にジメネツは、シカゴはホールドアップが多いこと、及びタクシードライバーの信用出来ぬことを注意した。下車するとジメネツも乗り換えるので私と共にタクシーに乗ってバッファロー行きのステーションで自分の荷物を預け、私を日本領事館へ案内して領事の室まで連れていってくれた。親切な男だ。私は感謝して、後に通信することを約して別れた。

領事館の人達は冷淡に私を待遇した。YMCA(日本人キリスト教青年会)へ行けと云う。私はその上、御前の通信を見出しえなかったこと、文部省からは学資を送って来ていないし、私の懐中には百七十弗あるのみだ。これらのことは淋しい私を更に悲哀にまで導いたのです。タクシーで青年会へ行き一室を借りた。極めて粗末な室で夕陽が射して暑い中で文部省への届け書類を書いた。四日間の汽車旅で疲れた私は、再び書類のために疲れて華氏八十度(摂氏約二十七度)以上の暑い室で夕方まで眠った。晩食をとるために下へ行くと十五、六人の老若の学生と二人の女が米飯を食べていた。私も仲間入りした。食後、島津と云う青年会の幹事と話していると蓄音機のオーケストラに合わせて(ダンシンググルームで)ダンスが始まる。一人は十五歳位の美しい可愛い日本娘で、一人は白人で三歳位の子供がいる。その他一人の美装した学生らしい日本女が来て若い学生相手に盛んに踊る。シカゴ大学には日本の男女学生は二十五人程いるという。その男女の交際はダンスらしい。

一方、野球の試合に勝ったと云って会合して噪いでいる一群がある。私は島津氏の話を聞いてマディソンのウイスコンシン大学へ行く決心をした。シカゴ大学には農科大学は無いのです。御前がこの日誌を読む頃、文部省から学資が来ていれば、私はマディソンを出発してワシントンへ向かっている。学資がきていなければ文無しで苦しんでいるとお考え下さい。

シカゴと云う町は工業地で煤煙のために街全体が煤けて、黒い商店街は自動車で埋まって身動きの出来ぬ位で陰気な感じのする町です。桑港の様に美しくのびのびする様な感じはしません。日誌等を完成して十時頃眠る。

十四日

朝寝して朝食をせず空腹で街にでて日誌等を投函した。手持ち無沙汰に中食を終える。午後夕立が来た。散歩に出ようと思ったが断念した。午後青年会の人達と話す。

夕刻、野口と云う早大経済出のシカゴ大学商科生を島津氏に紹介せられ種々話す内夕食を共にすることとなり、夜市内を案内して貰った。

今日は聖母の日（マザースデー―五月十二～二十四日―カーニバルと云うキリスト教のお祭りです。この内の日曜をマザースデーと云う）と云って女達は皆着飾って街を歩いている。日曜だから自動車は比較的少ないが高架線、電車等の混雑は非常です。三越の様な又は更に大きいデパートメントストアが幾つもある。シカゴミュージアムは今日はフリーなので入って見る。世界の美術品が凡て集まっている。立派なことは言語を絶する位です。エジプトの文明、ギリシャ、ローマ、イスパニア、支那、日本の古代美術品が多数集まっている。中でも洋画は名画が多く、塑像には傑作品の模型が極めて多い。日本の広重（注）、漆器物が多くある。充分に見ない内に九時閉館になるので此処を出て、オーケストラホールへ入る。教会が建てているもので一万人以上を入れる大講堂には聴衆で充ちていた。ハーバード大学の神学教授が今講演を終えた。パイプオルガンに合わせて賛美歌が荘厳に唱えられて祈祷が始まった。このような会合及び場所を日本で見ることが少ないのを残念に思った。聞けば週一回オーケストラが奏されて、時に全米の音楽大会が開かれると云う。音楽の中心と云われるシカゴだけに設備の充分なのに感心した。

帰路は、私の宿の近くで女が最近裸にされて殺されていたとの話などを聞かされて恐怖しながら帰宿した。十時。

（注）歌川広重（一七九七年―一八五八年）浮世絵師。

十五日

今日は野口君の案内でシカゴ大学を見学する日だ。早く目を醒ましたが再び寝入って八時起床。デクセルアヴェニューの方へ電車で行く。途中電車路線を間違えてジャクソンパークの処へ出た。デクヤルを聞くと一哩（約一・六㎞）位先だという。歩くがなかなか判らぬ。途中淋しい処で先へ行く婆さんをとらえて聞くと、婆さんホルドアップと間違えてか皺くしゃの財布を出す。大分人相悪く見られたらしい。幸いに町を数えて教えてくれた。野口君の家へ入ると立派な室だ。アパートメントに出来ていて便利なものです。

早速大学へ連れて行かれ図書室を見た。美しい芝生に新緑の櫟の様な樹木は私に爽快な感じを与えた。この大学もコーエデュケイション（共学）で婿探しに入学している女が多いと云うことです。フラパーと云って深い靴を履き、紅桃色のコートを着てスカートが短いので長い靴下を多く出し髪は短く切った女は「新しい女でお洒落、阿婆擦れ」だそうな。これに対してTマンと云って、午後四時頃のお茶の馳走に女から招かれることの多いのを誇る男学生があって「洒落男」だそうな。共学は此処でもよい結果でないらしい。芝居や男女学生のダンスは普通に行われると云う。帰路、リンカーンパークを見た。ウィロウの茂り、芝山の緩やかな傾斜、池の水を漕ぐ遊びボート等は、皆心地よいものです。この黒い街の郊外にこんな美しい公園があるかと思わせる位です。午後一時頃帰って入浴した。熱いのでネル寝巻きで涼をとる。島田君から電話で昨日着いた訪れるとの話で待っていると来た。支那料理屋で夕食をしてミシガン湖水の畔を散歩した。湖水は模糊として靄《もや》が立ちこめてミュージアムの電燈の影が長く流れていた。夜分野口君が訪れて国の話などして相互に故郷恋しい心遣をした。十時過ぎに野口君は再会を約して帰った。

このシカゴでは夕八時半に暗くなる。不思議で聞いて見ると日光節約のためにシカゴ州だけは時計を一時間早めたのだと云う。汽車の時間等と異なっているのも道理だと思った。面白い人間の能率増進法ではありませんか。

十六日

八時起床、ＹＭＣＡの宿料勘定をした。非常に安い。四弗をこの青年会に寄付した。九時、島津氏と連れ立ち島田君のホテルへ行く。殿堂の様な感じのするホテルでミシガンレークに沿って建てられてある。窓から俯瞰すると湖水の岸は細砂の浜をなし芝生、並木の緑が鮮やかだ。この内を縫ってレークショアドライブの道がある。無数の自動車が走る。ベンチに夫婦連れが湖水を眺めて座っていた。相変わらず霧に包まれたミシガン湖は九州全体よりもずっと大きい淡水湖です。

十時頃三人で自動車を走らせてチャールスと云う出版屋へ行く。その帰りに領事館を訪れた。今朝青年会へ新しい内地からの郵便物が来たので、若しか御前の手紙でもないかと思って行ったがそれは淋しさの種でした。私は今日、マディソンと云う北方百五十哩の町へ出発するのでノースウエスタン停車場で荷物を預け、ＩＷＷのオフィスへ行く。ＩＷＷとは労働運動の中心で過激な共産又は社会主義者の巣窟なのです。ウイリアムと云う露国の共産主義大会へ委員として出席した男に会って島津氏の通弁で島田君と私とに話しかけた。温和な男です。バーンスと云うボスは病気だと云うことでした。十冊余りのＩＷＷ主義の書物を買って（注１）御前の処へ送らせる約束をして十二時（汽車は一時間遅く十一時）此処を辞して島津、島田君に別れを告げステーションへ来た。島田君はロサンゼルスで早川雪州（注２）に面会し、雪州が紐育《ニューヨーク》へ行って島田君をソサイエティへ紹介する約束をした期日があるので紐育へ一足先に行くと云うのです。大西洋の横断は共にする約束をした。

（注）１　六月三十日付けの私信で次のように述べている。

「書籍、厚い手紙等は横浜の税関で開封検査されることもあるらしい。ＩＷＷの印刷物は二十冊も送らせたが横浜の水上警察に没収されはしなかったかしら。このＩＷＷは過激な労働組合の東部の名称です。米国でもこの本部に対しては厳重に監視している。私はご承知の通り少しも過激思想ではないが、研究のためには彼等の主義主張を知る必要があったから本部を訪れ、出版物も求めたわけです。」

２　早川雪州（一八八九年―一九七三年）大正、昭和期の映画俳優。一九〇九年米国に渡り、パラマウント社に入社。

汽車は零時頃に出た。北方へ進むので次第に冷涼な感じがした。今、コーンと春播小麦の整地中なので此処彼処に耕馬が見える。農舎は濃灰色に塗ったものでミズリーの平野で見たよりも大きいサイロを持っている。バーン（家畜小屋）もある。比較的堅実な農家に見える。丘陵地が続く。檪類の山林を伐採して放牧地にしてある処もあった。草花の美しいものは少ないが家畜はよく肥えて、豚の子などの放牧も見えた。五時間ばかり走ると淋しい湖水（モノナ湖）に沿った町へ来た。これがマディソンと云う処です。タクシーでパークホテルと云うとステートガバンメント（州庁）の前にある宿へ入った。夕食を近くの支那料理でとり、島津氏に紹介された久留島君をタクシーで訪れた。田阪と云う人と二人で親切に接待してくれて、清水君と云う私と同じ科目を専攻している人及び逸見君と云う若い札幌出（北大出）の博士を紹介してくれ、私のホテルへ来て再び支那料理屋へ行った。お腹が満ちているので苦しくなる位だった。明日、皆の人達が世話してくれる約束をして十一時別れた。親切な人達と、木立の多い湖水に囲まれた街は私の心に温かい抱擁を与えたのです。私は一ヶ月位滞在する覚悟をした。

十七日

八時に起きて、葉書等を書く。逸見君は九時頃に来て、その下宿が室を貸すとの事で伴われて行く。郊外の並木の茂りにある美しい家だ。十二畳位の室で鏡一つ、洋式箪笥二、ダブルベッド一、机一、椅子三、シングルベッド一、押入一の家具があり、月三十弗だと云う。まだ新しくカーペットも美しいのですっかり気に入った。聞けば食事はレストランで一日一弗二十仙だというから一ヶ月で六十六弗で生活出来るわけです。御前と二人でおればと思う位に心地よいルームです。こんなに安く生活出来る米国ならば、ややなぞは構わないで二人で洋行して、男女共学の米国で英語でも勉学して貰うのだったとも考えた。私が今までに費やした一倍半あれば充分なのです。米国の汽車も宿屋も貸間も二人で居れる様に都合よく出来ている。御前が望み且つ適当な友達があれば、私が独逸へ入った時に、欧羅巴へ来る気はないか。一ヶ月半の船旅は多少困難だし、又その頃産まれているだろう幼いややを独りで残して置く等は情に忍びないでしょうし、考えれば出来ない相談かしら。

午後からウイスコンシン大学の内部を案内して貰った。大学の出版物なども貰って、州立のミュージアムも見てきた。大学は高台にあってモノナ湖とミンドタの二湖を眺望する景色のよい処にある。ミンドタ湖には天の橋立の様な岬があって、ピクニックポイントと呼ばれ、遊歩地をなしているのが湖水に浮いて見えます。初夏の頃には大学の男女生が二人連れでカヌーに帆を張り風を膨らませて船遊びすると云う洵に楽しい園です。バークレーと同じ心のサザメキは再び萌芽して来た。この国に産まれ、カレッジライフの楽しい期間を過ごさなかったのを恨めしく感じた私は一ヶ月の間共学を見学して羨望の生活をする。

夕景、並木道を歩くと土の香りがして、代々木にいた学生時代に武蔵野の土を嗅いで田舎道を歩いた時の心地がして落ち着いた気持ちになった。夜、田阪君訪れ、逸見君と三人にて面白く話す。（ウイスコンシン大学に来てから洵に平和な感じがして、身体を伸ばして旅の疲れを癒やしている。一ヶ月ほどで再び旅に出る。雨に並木の緑は色を増し幹は黒く湿った朝、この日誌を締め切る。）（第四信終わり）

3 マディソン、シカゴ、ナイアガラ

五月から七月　マディソン滞在

モノナ湖畔にて（マディソン，中央著者）

第五信

五月十八日

煙のような雨が降っている。七時頃に起きて、朝食に行き帰って昨日求めた書物を繙いた。久しぶりの読書は眠く、居眠りばかりして昼になった。雨は時々降り出して梅雨の心地がする。落ち着いた生活は単調になり易い。特に食物には困難がある。今日は記事もないから食事のお話を書く。朝は、トーストとオートミール、又は粟の粥に牛乳と砂糖を入れたもの、コーヒー、ボイルドエッグで二十～三十仙《セント》です。お昼は、黒白パン一切れ、ローストビーフ又はポーク、コールドビーフ又はポーク（焼、又は冷牛肉又は豚肉）一皿、サラダ一皿、ミルク又はティーで三十～四十仙、お腹は五分位しか出来ないが我慢する。ディナー（晩食）はスープ、パン、肉、サラダ、パイ又はアイスクリームティーで五十仙位です。この頃は空腹で困る位ですが馴れれば何でもないと聞いています。時折支那料理のチャプスイへ行きます。支那スープは日本の「うどん」です。これ等がわずかに日本食を追想させるものです。養分率から云えば空腹でも日本食よりも豊富かとも考えます。

夜も読書に過ごした。静かな晩だ。遠くで汽車が唸る。

十九日

曇った空から雨が落ちそうです。早起きしたが昨今の冷気で風邪は次第に咽喉へ来て痛む様な感じがする。型の如く日は過ぎ去る。中食後街を散歩して道を失いタクシーで帰る。下宿の夫婦を相手に日本の話などして会話の練習をした。夕景、大学の女達がやるベースボールを見た。夜、入浴するために瓦斯釜で湯を沸かすとガスが爆発して吃驚した。田舎者は失敗の数々をやる。夜、逸見君と十一時迄話す。

暇だから米国の女子大学生の運動振りを書く。日本でもこの頃ベースボールをやると云うが此処では立派なチームが出来て活発にやる。股が裂けそうに走る。お気の毒なことにはベース（野球）をやる者は、大部分ご面相が悪い男の様だ。それに加えて米国では最近女の男装が流行し出した。髪を短く切って男と同じ洋服を着る。ベースをやるのはこんな手合が多い。乗馬も盛んだ。広い馬場でものすごく駆けさせる。女が自動車をドライブするのがハイカラだと云うので多数見受ける。弓場では、小弓を引いている女もいる。冬になると四つの湖水は凍る。スキーを女が男と連れだってやる。氷舟に帆を揚げて氷上を遠く走る。夏は、カヌーに大きな帆を揚げて男の恋人と二人だけで広い湖水で船遊びをする。時折湖水が荒れて、舟がくつがえり思わぬ情死をするということです。金曜と土曜はダンシングデーと云って方々の学生倶楽部では男女学生が夜一時頃までも密着して半裸の踊りをやる。考えて見れば日本の「男女七歳にて席を同じうせず」とは雲泥の差だ。彼等の間に起こる忌まわしい関係は極めて多いと云う。サンガー婦人（注）のコントロールなんかは今更らしく唱説する必要は無いらしい。このコントロールに失敗した者は、結婚が交際で成立するこの国では直ちに結婚へ運ぶと云う。日本の様に所謂生木を裂く悲劇は無くてよい。これ等の男女は血が燃えて分別のない二十歳前後の者共だと云う点は注意する必要がある。日曜が来れば学生達は各々自分の自動車又は貸し自動車に恋人と二人で乗り遠くの田舎へ出る。日本の様に運転手の免状などは要らない、丁度自転車の様に誰でも乗れるのです。大部分の学生は自動車を持っていて下宿の前の道路に夜は放置してあります。

こんな若い男女の交際が公然許された国で当し付けられながら白人の女に尻目に掛けられ一人ぼっちでテクって歩く黄色い皮膚の男――私達日本人――を想像しなさい。如何に馬鹿げて低級に見えるだろう？　が然し私は日本と云う強国を背景に持つから大威張りで低く見えない様に背伸びして歩いている。白人を低級な者だ位に思って動作をするので、ジメネツは汽車の中でユー・アル・ディグニファイド（貴様は威厳があって重々しい）と云った。私はこの態度を失わない。

（注）サンガー婦人（一八八三年―一九六六年）米国の産児制限運動の指導者。一九二二年初めて来日し、以後一九五九年まで七回来日した。

二十日　晴れた暑い日盛りの二時から、アイオア大学とウイスコンシン大学の野球試合がある。入場料五十仙を出して見物した。じりじり焼く様な日光の元で女達は桃紅、臙脂《えんじ》、空色のコートを着てパラソルもさしていない。試合は当ウ大学の大勝に終わった。五時下宿へ帰ると暑い日の下に二時間もいたので非常に疲れて、頭は重かった。一睡して夕食し、逸見君と共に高台へ登って木立の茂った街、湖水に映る夕焼けを見て、久留島君の処を訪れた。偶然清水君も来て五人で活動見物に行った。途中大学の構内に野火が旺んに燃えている。それはこの大学の新入生は青い丸帽（日本の小学生が水泳競技で被る様な型）を被る規則だ。六月に近づくと進級するのでこの帽子を凡て焚き火で焼くのだが、その夕方、上級生は帽子を焼却をさせない様に様々の妨害をする慣習だと云う。今日も銃で威嚇して妨害したと云うのです。一年の女達は木立の多い奥まったダンシングホールまでへの街道に提灯を華やかに点け、ホールでは賑やかなオーケストラに合わせて上級の男達とダンスを遣っていた。此処の学生達にはこんな児戯も重要な年中行事の一つです。

活動写真は桑港よりも小規模でしたが土曜日だから観客は充満していた。大抵は二人連れなのに驚く。写真は、初恋の女が四つ葉のクロバーを恋人に与えてから結婚までの波瀾を画いたもので、最後に娘エルゼーの姑が結婚式を終わった晩に、新夫婦が連れだって丘の新邸へ行くのを見送る。木立に囲まれた丘の邸の階下に灯が点く、やがて消えて二階の寝室に灯が点され程なくこれも消え情緒深いシーンを見せた。四つ葉のクローバー──嘗て御前が渋谷の原っぱで集めて無言で私に渡したクローバー──と思い比べて、私達の場面はこのシーンと正反対であった。最初の四つ葉のクローバーは相互に萍草の跡を追って捧げた私達だと考えながら帰って来る。

並木道は露を含んで潤いのある晩だ。木下風が熱した頬をさます。とある美しい家のパロア（応接室）がバラ色のカーテンを透かして見える。シャンデリヤにもバラ色の傘が付けられ、ピアノの傍らのソファにイブニングドレスの若い女と男がもたれかかって話しているのを見た。今の活動写真の続編を見せながら星の多いマディソンの夜は静かに更ける。暗い下宿へ帰ると遠くに水鳥が鳴いていた。十二時。

二十一日──日曜だ。寝坊して朝食を失した。午前新聞を読む。午後私達の下宿へ清水、田阪君が来て話す。夕景大学の構内を散歩して写真を撮った。三人で写したのを気にした。夜、久留島君の処へ行き、田阪君と農政経済問題を話す。十二時帰宿。晴れた晩だ。

二十二日──昨日の新聞を読む。シカゴデリートリビューンに「日本の女流詩人、燁子（注1）さん髪を切り尼になる」と云う大きな題目で、燁子が田中舎身

（注2）の処で長い黒髪を切って尼になったこと、及び事の起こりが書いてあった。圧制的な炭山王の家庭を捨て、宮崎の下へ走り、日本の保守派から猛烈な攻撃を受け、世間の申し訳に燁子の兄及び親類が燁子さんを尼にしたのだと書き、燁子さんは「余生を仏に捧げた上は、幾年か回り春は帰るも妾には永久の春は来たらず」と云い、宮崎は「余りに非人道的な親類及び兄の行為だ」と批評したとまで書いていて、長い記事で婦人問題欄を埋めてあった。

終日読書に過ごす。下宿の主婦の孫が来て芝生で面白い遊びをしていた。夜は近隣のピアノを弾くのが聞こえた。入浴してよい心地で日誌を書いた。今日、午後柏倉君の撮った私達の写真を見ていると主婦が来た。私はマイワイフと云って見せると驚いた様に「あなたは奥さんがいるの？」と聞いて、「ビューーティーー！　あなたは時々これをみるのか」「彼女はいま東京にいるのか？」など聞いた。この主婦が云ったビューーティーと云う女の雑誌がある。色々美人になる方法や、代表的美人の写真が入っている。ご参考までに送ることにした。米国では今、痩せること、背が余り高くならないことが研究の中心らしい。御前にとってはこれは全く正反対だハハハ。

（注）1　柳原燁子（白蓮）（一八八五年―一九六七年）大正、昭和期の歌人。北小路資武と結婚したが程なく離婚、九州の炭坑王伊藤伝右衛門と再婚。後社会運動家宮崎龍介と恋

愛結婚。

2　田中舎身（一八六三年―一九三四年）明治、大正期の仏教運動家。

二十三日――雨は楡の木に降りかかる。朝寝坊して朝食をしなかった。何となく故郷が懐かしい日だ。色々と過去の追憶に耽る。淋しさに堪えかねて御前へ手紙を書いた。手紙はこの日誌――わたくしの感情の日誌――の一部をなす筈です。読書に終日を送る。雨と追憶と書物の内容が交雑して織り込まれた日です。マディソンに来て一週間になる。来たときは蒲公英の花盛りであったがもう白い毛の実となって芝生に立っている。ブライドリーフに白い小菊の様な花が重く咲いて、雨に叩頭している。この花も早く散ればよい。盛夏が来て、私は英吉利《イギリス》にいる様に日が飛べばよいなど考えた。雨の日は懐い出の情緒が訪れる。

二十四日――晴れると暑い。寝坊して朝食をせず空腹で読書した。午過ぎ大学の畜舎を見学した。目新しい鳩、鴨の飼育を見た。帰ると蒸し暑い梅雨の感じがする。夕景驟雨が来て多少涼しくなった。もうマディソンへ来て一週間を経過した。週払いの室代を渡した。夜、田阪君が来て結婚生活に就いて話した。十一時帰る。

二十五日――雷鳴がして雨降る。読書に時を消す。眠気がして時々眠る。午後、下宿の夫婦と話すと、御前を連れてこぬ理由を聞かれた。日本の畳の説明には困った。夜、逸見君と十二時まで話す。遠くで蛙の鳴き声がする。駒場の郊外を散策した夕方が忍ばれた。

二十六日 ―― 朝寝して朝食をしない毎日。朝食をしないと痩せないかなど考えた。十時頃この下宿が売り物になっているので買い手が下検分に来て私の室も見て行った。毎日の様にテーラーの経済学を読んだ。昨今比較的落ち着いた気分になったので読書も進む。夕食の終わった後、今晩学生達がドラマチックダンスを演ずると云うので前景気を見る心組で大学の中へ入って行くと、白い装束をした女生徒が長い花輪を行列して捧げて行く。面白いものだと後ろに従うと、大学本館の前には芝生の広場がある。緩やかに傾斜して楡の森に囲まれ高い処にはリンカーンの銅像が冷ややかに見下ろしている。そこは人垣が築かれて音楽が奏されていた。女生徒の行列は、この広場の中へ進んで低い彼方の門の両側に列をなして止まった。暫くして、広場の両側から白いスカートの上に黒いガウンと云う坊様の衣の様なものを着、早稲田大学の制帽と同じ帽子を戴いた女生徒二百人ばかりが列をなし静々と門の処へ進み、白い衣の生徒達の列の中を通るとき二列になってリンカーンの銅像の方へ傾斜を上がって来る。先頭の一人は学校の先生で老人だが、他の一人は生徒で「智恵の燈」を高く捧げている。銅像の前で傾斜を見下ろして燈火を中央に横列になった。白い生徒の列は左右に下の方に並ぶ。やがて広場の中央にメインポールが建てられ踊り子達（ハイスクールの生徒）は十六人ばかり五色のコートを着、足並みも軽く飛び出て、このポールを囲んでリングイングゴーの踊りをやる。ポールには五色のリボンが垂れている。踊り子はこれを持って踊る。嘗て、女子大学の運動会で幼稚園の子供達が軽く飛び回ったのと同じ調子のピアノが奏せられた。暫くでこれが終わる。観衆は拍手した。次いで白衣の女達は広場の一方から何か唱歌をする。男性的な女も唱歌は女性的だ。顫動する音律は森に木霊する。夕闇は森影に迫った。遠くキャピトル（州議事堂）の白いドームが森の彼方から窺いて夕映ている。「智恵の燈」は森の下風に揺れて明滅した。広場の人達は緑の芝生にくっきりと浮いていた。この荘厳な式は女生徒達の卒業生送別式で白い人達は黒いガウンの卒業生を送別するのだ。今、唱うのは送別の歌で日本の「蛍の光」に相当するものらしい。二回同じ歌を繰り返すと四、五人の白衣の代表者は、燈火の前へ進んでこれを受けて捧げたまま傾斜を下る。卒業生達は静かにこれに従って広場を去った。観衆の拍手は再び起こった。

異国に来て、異なった慣習を見るのは立派な建物を見、佳い景色を見るよりも重要であり、興味深いのです。卒業生の人達は白装束に黒い衣を着て帽子を戴いて皆優美に見えた。場を出て来ると待っていた男の恋人は腕を組んで三々五々散らばった。ダンス場へ行って見たが八時開場との事で淋しく人影も見えない。天勝（注）の「天女の舞」位のものだろうと割愛して薄暗い路を久留島君の処へ行く。清水君など来て十一時まで議論や笑い話をした。

（注）天勝　松旭斎天勝。（一八八六年―一九四四年）女流奇術師。

二十七日

快晴で涼しい風が吹く。心地よく読書した。午後田阪、清水両君より電話で「魚釣」に誘われた。ウイングラ湖を囲むバイラスパークへ行く。湖水は小波の上に釣り舟を浮かべて対岸の森を映していた。日本の釣りの様に糸を垂れる。先ず田阪君がサンフィッシュと云う黒鯛の様な形の魚を釣る。私には釣れない。幾度か場所を変じて、釣堀へ行く。ベンチに腰掛けた呑気な太公望もいる。暫くして私にも釣れた。清水君は一尺もあるのを釣り上げたが糸が切れ惜しくも逃がした。五時頃まで釣ると二十七尾ばかりを得た。見物している子供も色々手伝ってくれる。外国へ来て釣りをしようとは考えていなかった。帰るとき芝生の広い原を歩く。カソリックの尼僧が白い下着に黒いガウンを着て風に吹かれながら森影に消えた。田阪君の家で夕食を馳走になり、八時、活動写真を見に行く。グランドキャニオンを背景にした冒険もので何等ドラマチックな処はなかった。アメリカインディアンの家の生活状態を多少知ったのみで十二時帰宅。新聞を見て、一時眠る。

今晩、大学の広場でマディソン市のミーテングオブダンシングが催された。市全部の踊りたい者は、広場で一時頃まで踊るのだ。日本の盆踊りが十一時過ぎると査公の干渉を受けるのとは大分異なる。活動写真よりもこちらを見物すればよかったと後悔した。

二十八日――昨日の疲れを休めることもなく、午後から市の郊外にある日本人の農家稲葉家を訪れる。傍らモノナ湖で釣りをしようと云う。電車で走ること二十分位で郊外に出た。日曜なのでピクニックに出掛ける自動車が多く、歩く者は私達だけだ。稲葉さんの家は夫婦二人暮らしの淋しい世帯で私達を歓迎した。主人は山梨で妻君は静岡だとの話で三十五歳位に二十五歳位に見えた。早速柳を切り釣竿にし五人で湖辺に糸を垂れた。浅い湖岸は藻に埋められている。魚の泳ぐのが見える。暑い日盛りにまともに日を受けて釣る。二時間位の間にサンフィッシュ及びポーヂィを四、五十も釣った。後ろの森には別荘があって終日ピアノを弾く。湖水には釣り舟が見えて、遠く工場の煙が水に映っていた。夕刻、久留島君も来合わせ魚釣りの写真を撮った。七時、稲葉さんの妻君の日本料理を馳走になる。昨日の魚も煮てあった。白菜のお浸しもあり、金平牛蒡もある（牛蒡はこの付近に野生しているが西洋人は食べない）。魚、菜、米等は桑港を出発して以来食べないので珍味であるわけです。日本の渋茶の風味は殊に懐かしい日本を思わせた。食事にはこの付近にいる鈴木と云う独身の農夫も来ていた。食後色々と話し、この夫婦に子供がいないのが話題になる。「中野君に聞け、もう先輩だ」と田阪君が云う。私は淋しい異境で子供のいない生活はどんなにか淋しさを増すであろうと考えた。稲葉の妻君は「待たれる身より、待つ身になるな」と云って御前に同情した。賑やかな笑い声に農園の一軒屋が涌き返る頃もう十一時近かった。記念の撮影をして帰路に就く。蒲原や草原に点々と蛍がいる。暗い野路をピクニック帰りの自動車が走る。皆で唱歌などして学生気分になる。一時下宿に入る。

二十九日――疲れ休みに終日読書に過ごす。下宿の主婦の二人の娘、その夫、孫等、大勢昨日より来て喧しい。今朝主婦が私をこの娘に紹介する。二十七歳位で二歳ばかりの子供がいる。若い女との握手はこれが初めてだ。この娘、初心で赤い顔をした。小さなベビーとも握手し、又姉娘の大きな子供達も皆握手しに私の処へ来た。明日は米国の招魂節（National Holiday――戦死軍人の霊を祭る）なので夜は各所の家で音楽が旺だった。

三十日――五月も程なく過ぎた。昨日から便通が悪いので頭が痛い、読書も進まない。その上風邪気味なので全く不愉快だ。この度の招魂祭は大学の運動場に小さい式場が設けられて平凡に行われた。夕方から雪模様で急に温度は低下した。夜になって雷雨があった。当地の気候は丁度内地と同じのように思うが、日中は華氏九十度（摂氏約三十二度）位あり、朝は華氏五十度（摂氏約十度）位になる。こんな急激な温度の変化なの

で風邪はなおることがないわけです。（第五信終わり）

第六信

五月三十一日

五信を封じ込んでから三十一日のあることに気が付いた。一日も早く過ぎ去ればよいと考えているから「面倒だ捨ててしまえ」と云いたいがそんなことも出来ない。丁度国から持ってきた原稿用紙もなくなった。同じ様な紙がないので不愉快な紙に書く。

午後、私には虎の子である百弗《ドル》紙幣（一〇〇円＝四七ドルとすれば二一三円程度）を細かくする目的で書店へ行く。目指す書物はなく注文を依頼したが金は細かくならない。何か高い買い物をすればよいが、文部省からの金が遅れるかも知れない――日干しになる――から、それは出来ない。使ってならぬ百弗紙幣を細かくしたいので困っている私を客観してその滑稽なのに自ら頬笑んだ。

夕景、逸見君の処へ日本から朝日新聞を送ってきた。四月の十八日から五月四日までのがあって、私が読み残した岩見重太郎の講談を終わり迄で端なくも八千哩の遠国で読んだ。晩餐として御前と楽しみに読んだ頃が偲ばれた。しかし、異状のない日本を知って安心した。地震のことが詳しく載っていた。なかなか猛烈であったらしいね。私が欧羅巴へ行けば何か新聞を重要な日のみ又は部分のみを十日位まとめて送って欲しい。多忙でないならばお願いします。

六月一日――六月になった。ブライドリーフの花は凋んだ。ヒース（濱薔薇）に紅、白、の花が見えて来た。私の故里に近い砂丘に同じバラの叢があって大きな実を結ぶ。この実の種子を出して蛍を入れて転がして光るのを喜んだ小学校の頃を懐い起こす。朝、電話で釣りに誘われ午後からバイラスパークへ行く。湖水には藻の花が点々と光っている。カヌーを漕ぐ人達の調子が私の頭にリズミカルな音律詩となって響く。

○私唱ひませう　欸乃《あいだい》（ふなうた）ひとつ
　はるか湖水に　藻の花咲けば
　カヌーに帆揚げて　その花摘んで
　妾唱ひませう　恋歌ひとつ

○春は日永よ　花つむ舟を
　向かい小島の　蒲生に留め
　蒲のそよぎと　葉ずれにつれて
　妾唱ひませう　子守の唄を

音楽的に調和する湖水と、これを囲む森の景色をさらに調和あらしめる様に私達釣人は景色の一つでした——自然の広い舞台に浮世をよその閑人と、恋の甘きに燃えている人達とが面白く、共に美しい劇を演じていた——。可愛い乙女の子達が釣っている側へ来て馴れ馴れしく話しかける。充分に聞きとれないからからかうわけにもゆかぬ。米国でも日本でも幼い乙女は可愛い。四十匹ばかり釣って五時頃帰る。夜、入浴して心地よくこの日誌を書く。

二日　早起きして読書するが能率は至極く悪い。ともすれば心が過去へ飛んだり、御前のこの頃の生活を考えたりして、目は徒に紙面を走るのです。

午後、下町の方へ行くと雨が降る。例の百弗紙幣を持って銀行へ行こうかなど考えて歩く。マディソンは雨が多いので洋傘が必要だ。傘でも需めて崩してやろうと、とある大きなデパートメントストアへ入った。七弗で絹の傘を買う。幸い崩してくれた。至って悪い絹地だ。日本で買って来ればよかった。

夜、田阪君の処を訪れる。先日の魚釣りの写真が現像してある。皆の嬉しそうな顔は上出来の写真（本章扉写真参照）です。明後日、稲葉さんの処へ釣りに行く約束をして帰る。雲は流れ去って星夜に半月が黄く見えた。

三日

カラリと晴れた日だ。寝坊して朝食を失してお昼を早くした。桑港で買った徳川時代の黄表紙本——これはなかなか珍書——まだ読んでないのでテーラーの経済書を読み倦んだ時に読んで見た。文学的にも価値あるものだと思う。

夜、ズボンのプレスをとりに行く。当地ではズボンの折り目を美しく付けて置かねば紳士ではないから、服屋へ行って電気アイロンで付けて貰ったのです。帰るさい下町を散歩して店を見る。お化粧道具など変わったものを見た。一揃い需めて送って遣りたいと思う。マディソンの写真帳も需めて見ると私が日頃日誌に書いた様々のことが写真になっている。ドラマチックダンスやページェントレー（野外劇）を女学生が演じているのがある。暇々に字引でお調べなさい。私達の釣した場所なども写っています。詩のカヌーをご覧なさい。異国の女達の生活を少しでも知らせ、向上の助けにしたいと思うから女性の観察は詳しくやっている。服装は特に注意しているがなかなか多様なので判断に苦しむ。いずれ帰国の時に金子予猶を作って一揃い買って行く。着ること位知っていてもよいと思うからね。丈、胴回り等はその時になって通報してくれればよい。

十時帰ると、今晩田阪、清水君が訪れたと云う。明日又釣りをするらしい。今日魚釣の写真と「美人」と云う婦人雑誌を送った。

四日

八時頃に起きた。日曜日で近いレストランは開かず遠いところへ行く。帰って洋式邸宅の設計図を引いて見た。将来必要なことがあればよいし、あらねばならぬ、と思いながら引くと興味もあり可成り娯楽になった。

午後、田阪、清水両君に誘われて、タクシーでモノナ湖へ釣に行く。稲葉の家で準備をする間に、日本の五月号婦人雑誌（婦人画報、婦人公論）を見た。婦人公論は御前は読まないでツマラヌ記事の満載である主婦の友を読んでいたであろう。婦人公論は例の厨川（注1）が恋愛至上主義の弁明や、多数の人達が日本婦人の服装、断髪等について論じているのを見た。

魚釣は例の如くよく釣れる。時と云う日本人農夫の夫婦が三人の子供を連れて釣っているのに紹介された。日本で通常に見る愛想のよい妻君でした。彼等は二人で六十余町経営していると云うから驚く。森の茂った草原を歩いて場所を再三替えた。先だってのピアノは聞こえないが、ピクニックに来ている二組の男女が草原にころがり、男は人前に平気で女の膝枕をしてマンドリンを奏している。女尊男卑も男女の内的生活では男尊女卑だと云うことを聞いていたがその実例をみた。婦人公論に萩原（注2）と云う詩の先生が恋の歌を書いて

君が　君が

疲れてなげ出せる
　むつちりとした手足と
　　ふらんねるに包んだ胸は

と唱っていたが、今、この男女に萩原が聞かせる歌だと思う。他の一組の女は私達の釣を見物していた。夕景、二百匹ばかりを得て彼岸の森陰に紅い落日を見た。あたりは蚊の鳴き声とコオロギとの寂寞になる。薄暗い草原を稲葉の家へ帰る。ピクニックの人達は暗い中で相変わらずマンドリンを奏く。野バラの甘い香りがして湖の面に靄がからみ温かい風がそよ吹く。彼等にはふさわしい夜が来た。

稲葉の家で日本食と捕った魚で晩食をした。菜っ葉のお浸しは美味しかった。あちこち婦人雑誌を見て、十時半頃ハッピー（鈴木）の荷物自動車で帰る。下宿の主婦の土産に持ってきた魚はまだ生きていた。

（注）1　厨川白村（一八八〇年―一九二三年）大正時代の評論家。英文学者として五高、三高教授。一九一五年米国へ留学。帰国後京大教授。留学中民主主義思想に強い影響を受け、日本社会の後進性を批判する文明評論家として活躍。「近代の恋愛観」等の評論は当時の青年に強い影響を与えた。関東大震災で鎌倉で不慮の死を遂げた。

2　萩原朔太郎（一八八六年―一九四二年）日本近代を代表する大正、昭和期の詩人。

引用された詩は原詩と幾分か違っている。

五日　魚釣りの疲れで十時頃まで眠る。昼食を早く摂る。終日読書。夜食に4Cと云うマディソン第一に大きいキャフェテリアへ行く。帰路、モノナパークを散歩した。夜も読書し入浴して眠る。

六日　早く起きる。雨の降りそうな空模様だ。眠気がして読書も進まぬ。その上隣に新しく家を建てているので大工の音が喧しいから勉強の妨害になる。午後から晴れて暑い。バァーバァーへ理髪に行く。独逸人だと云う爺は色々話しかける。日本人と支那人と見分けがつかぬと云った。夕食の後、湖水の辺を逍遥して鏡の様に波のない湖にカヌーやモーターボートの走る美しい景色を見ながら丘の芝生に転んでいた。日が紅く対岸の森陰に落ちると、青白い湖水と光った芝生のみずみずしさと夕風の涼しさは日本の八月頃の夜を思わせる。女達も此処かしこに転がっているのを包んで夕闇は迫る。蚊や小虫の羽音が聞こえ出す頃家へ帰る。

七日　急に暑い。日中の室内温度は華氏八十度（摂氏約二十七度）だ。日本の盛夏を思わせる。大陸はこうした急激な温度の変化がある。窓の少ない西洋式の建物は室内の暑さが非常です。勉強も出来ないで殆ど眠った。夕方涼しくなって読書も進んだ。早く英国の涼しいスコットランド地方へ逃げたい考えになった。夕食にはチャプスイへ行き、濃厚な支那料理を食べた。

八日――午前は無為に終わる。堪えられない位に蒸し暑い。三時頃からケルシーと云う大学の講師で英文学を専攻しているオールドミス――それは外国人が好きで英語などを教えている人です――にティーに招かれて行く。日本の話などしてお茶を飲んだ。五時頃辞して帰る。空模様が悪く雷鳴がした。清水君の下宿へ行って話す内に豪雨が来てものすごく雷、鳴る。急に雹に変じ暫時で晴れた。九時過ぎ「火事だ」というので出て見ると数丁先が猛火に包まれている。急いで清水君の下宿を辞して見ると大学の運動場にあるソフトボールのスタンドが焼けている。野次馬連中は日本と違って自動車で来て付近は身動きも出来ぬ位だ。火は風に煽られて益々旺んになるが、半鐘が打たれるでもなく至極景気の悪い火事でした。

十一時頃下宿に来て涼しい浴衣掛けで読書した。雷はまだ止まない。

九日――昨晩は終夜雷鳴が猛烈で三時頃までも眠らなかった。寝坊してお昼を早く摂った。午後は読書に終わる。夕方散歩して湖岸で涼をとる。美しい夕焼の湖には舟が多く浮かんでいた。夜、御前への手紙を認め、倫敦《ロンドン》のアドレスなど書き入れた封筒を作った。

十日

朝、雷鳴がして暗い。九時頃起きる。レストランは九時で締切りだから今日も朝食を失した。外国にいて不摂牛は大禁物だとは云いながら致し方ない。ご承知の通り寝坊だからね。お昼を早く食べた。チャプスイへ行ったが米は食べたいとも思わない。この頃は洋食にもすっかり馴れた。午後、文部省から四ヶ月半分の学資、七百八十三弗送って来た。紐育《ニューヨーク》の正金銀行へ電送されて、米国のファストナショナルバンクの小切手としてシカゴ領事館へ送られ両替されて落手したのです。全く安心した。九月までの学資はあるわけです。夜、久留島君の家に遊んで議論などして十一時帰った。

　金が来て計算して見ると米国では生活（下宿、食事、洗濯等）は八十弗で足りる。旅行しなければ毎月九十弗は残る勘定です。従来洋行した人達は数千円の負債が出来たなどとは全く大きな偽りだと思う。こんな気楽な世帯を前から知っていれば御前と二人で洋行するのであったと後悔している（米国では高等女学校出が直ぐに大学へ入る）二人で大学へ通うのも面白いではありませんか（家事経済でもやる名義で英語でも習う）。独逸へ行けば益々成金だから苦しくない。留守宅手当等計算して見ると僅かな負債となるのみです。今からでも実行できないか？　と考えてもややが居れば長い旅行も苦しいだろう。結局、出来ない相談だ。余る金で旅行もし、面白い書物でも送ってあげます。独逸へ入った時に御前が来る意思でもあり、よい友達があればその時の相談とする。兎に角御達者でいて下

さい。（第六信終わり）

第七信

六月十一日――昨晩グロサレー（八百屋）で買い入れたパンとオレンジは朝寝坊にはよい思いつきでした。日曜だというのに別に面白いこともない。午後西村と云う京都の男でこの大学を今年卒業した人が逸見君を訪れ三人で色々話した。独逸で再会を約して夜食はチャプスイ（支那料理）で共にした。帰るとき西村君の下宿へ行き欧羅巴行きの汽船について話していると大学の講師でタイラーと云う社会学の男に紹介された。十時頃帰宅して読書。

十二日――比較的涼しい風が吹く。午前コーオプ（学生の協同組合）に注文したアダムスの経営学をとりに行く。明日十時頃来るとの返事だった。一時頃帰ると待ちに待っていた御前からの通信が紐育から回送されていた。私は飛び立つ思いで数回も繰返し読んだ。この一通の手紙が私を安心せしめ愉快にしたことは嘗てない経験です。夕景ワシントン大学と当大学のボートレースを見に行ったが、湖水の遥か彼方でよく見えなかった。夜は新聞で過ごす。十一時頃しめやかに雨降る。

十三日

朝、八時半、大洋丸で友達になった島君が到着するとのことで迎えに行き、帰って午後大学の構内を散歩して、ケルシーに会う。連れだった醜い二人の女学生に紹介された。後、アダムスの経営学を購買組合で受け取った。その内容を見ると全く完備しているのに感心した。夜、島君歓迎の意味でチャプスイへ行った。帰るさいケルシーを訪れてお茶の馳走になり色々話す。私はコミュニズム者だと云うと「ユ・マスト・ビ・エ・グドマン」と云った。他日訪れて「日本の古代劇」について話せと云う。十時辞して帰る。ラスロプホール（女学生倶楽部）では、明日卒業式があるとのことで最後のダンスが旺んに行われている。サイドウオークには、美しく着飾って浅紅の髪飾りをつけた、女と男のダンシングパーティーが歩く。地方から多数卒業生の父兄が来て人通りが多い。今、紅い十六夜の月が地平線と、離れた街灯に映える。木立の茂みを通して此処かしこピアノやオーケストラとダンスの声が聞こえる。露は静かに降って水っぽい芝生を歩くと螻《け》蛄《ら》が鳴く。マディソンの初夏の夜は涼しくて美しい。

十四日

朝、卒業式を見る筈であったが寝過ごした。惜しいことだ。「早起きは三文の徳」と云う話どころではない。

島君と散歩して大学を回り、久留島君を訪れ連れだって写真機を注文した。六十弗のもので日本ならば百五十円位です。夕景、当市に白人を妻にしてレストランを開いている人の自動車に乗って、涼風に吹かれながら、稲葉農家へ行く。自動車は新しいので非常に心地よい。稲葉の家には田阪君、清水君が泊まり込んで魚釣したり、手伝ったりしていた。例のモノナ湖で釣ったが釣れなかった。夜食の馳走になり、九時頃ドライブして帰る。蛍は急に多くなって草むらは美しい景色だった。十時頃下宿に着き、一時頃まで話す。

十五日――又、寝坊した。書くのも恥ずかしい位だ。午後洋服屋へ行き、アルパカの夏服を新調した。馬鹿に外人臭いスタイルだ。明日の午後仕上がる。二十八弗です。ストローハットを求めていよいよ夏の支度が出来上がった。

夜、ムーヴィへ行った。「美しい婦人」と云うので伊太利の貴族の娘がキスに貞操を守る強さを見せるものだった。米国の様な開放的な女に幾分の教育を与えたと思う。十一時頃帰って一時まで話す。

英国の沢村君より通信あり七月上旬頃英国へ渡航せよ、蘇国《ソビエト》へ旅行しようじゃないかとの誘いであった。私は八月の上旬でなければ英国へ行けぬと返事を出した。

先月文部省から来た金は、ファストナショナルバンクでトラベラーズチェックに代えて貰った。小切手の様なもので便利かつ盗難の心配が少ないものです。早速紐育の正金銀行支店へ受取書を出した。

十六日

寝坊、ミセス・ヘッドに食べるよりも寝ている方がよいと話すと笑う。十時過ぎに起き出して中食し、大学の芝生で遊ぶ。男女の学生が寝ころんで仲良く話していたが、やがて何だか争いだして、女は拗ねたらしく男と反対の方へ去った。外人にも拗ねはあるらしいね。

三時頃林学の研究所を見学して、洋服を受け取って来た。他日写真でご覧の様なハイカラなものです。宿に帰って早速着た。夜食に出ようとすると、本橋君がシカゴから到着した。四人連れ立って夜食する。内三人が同じ縞で同じ服を着ているので外人の女は可笑しそうに眺めた。

七時、メンドダ湖の巡覧モーターボートに乗って納涼船と気取った。鏡のように澄んでニンフでも出そうな湖面を風が煽って小波がある。船はこれを乗り切って面白く揺れる。湖岸の茂りを抜き出たキャピトルの円塔が夕陽を反射して日は今ピクニックポイントに落ちんとする。

ピクニックやキャンプ生活の人達は森林の此処かしこ夕闇の迫るあたりに夕餉《ゆうげ》の焚き火をするらしい。遥かに煙は棚引いて靄となって湖面を漂う。八時頃対岸に着いて上陸した。唯暗い林間に街灯が見え、二、三散策の人達を見たのみで波音は徒に淋しい木霊となる。マディソンは電燈の影を長く水に流した美しい湖に囲まれる。点々と見えるのは別墅《べっしょ》の燈火だ。二人乗りカヌーが闇を透かして漕ぎ、暗い中で水泳する人達を後に船は帰路をとる。風は湖心に近くなるに従って強く、船の路を阻む。船側に打ち付ける波は水飛沫となり、新調の洋服を惜しからしめながらも快哉を呼ばしめる。突然、船は停止した。モーターが壊れたのだ。船は闇い湖を風のままに漂う。とある半島近くに錨を投げて暗礁に打ち上げられるのを防ぎ、半島のビラ（別荘）に声を限りに助けを呼んだ。約半時間ばかりでヨットが闇を突いて近付いて、電話で救助船を呼んだと告げた。私達の船は燈火を明滅して所在を示す。助け船らしい遠くに明滅する光があって次第に近づく。心細い難破船の最初の経験も小さい湖水では、寧ろ「お伽の冒険」の様な面白みがある救助でした。私達はこれに乗り移って走る。快走のために波頭が船中を襲うこと再三、新調の外人臭い服は可成り潤《しめ》って寒い。

亜米利加紳士もすっかり悄気《しょげ》たわけだ。十時頃岸に着いた。下宿に帰って一時頃まで話す。

十七日――午後、久留島君を訪ねて注文した写真機を貰いに行く。久留島君の顔で一割引きだが全部で七十弗だ。終日、散歩して疲れて九時半頃帰った。晩方本橋君の新調服も出来た。四人は同じ縞、型、の亜米利加紳士になって街を歩く。女達は可笑しそうに見た。他日、帰朝してマディソン会を毎年開き、その時の制服はこれにしようなど話して笑った。

十八日

朝、島君が出発する。下宿の前で四人お揃いの洋服で記念撮影した後、タクシーでデポー（駅）へ見送った。美しいマディソンから去って、恐ろしいシカゴへ行く島君は淋しそうに見えた。

午後、湖岸を逍遥して新しい写真機の練習をする。女の水浴なども撮った。丘の牧草に座して、三人で雑談などした。夜は疲れで九時頃から寝た。

十九日

疲れで十二時間も眠った。十一時頃久留島君から電話で午後のピクニックに誘われ中食後行く。先日撮った写真も出来ていた。四時頃からW・カフェーの主人の自動車で郊外へ出た。急に資本家になった心地はよい。時と云う農家で農舎などの標本を撮った。時の子供達は珍しそうに私達を見る。日本人でありながら可哀相に日本話も英語も充分でない。米国の日本人の子孫にはこの種の悲惨が多い。帰りに稲葉の家へ立ち寄る。田阪、清水君などは苦学しているので休暇を幸い稲葉の処で黒くなって働いている。文部省から来た私達は感謝の念に打たれ、且つ彼等に対するのが面映《おもはゆ》い様な心地になる。この様に苦学している人達は米国に五百人位もいると云う。そして凡てが文部省研究員に反感を抱いているのは無理もないと思う。稲葉では初夏で田圃が多忙なため再三厄介になるのも気の毒と思いすぐ帰って来た。夜、新聞を見ていると眠気がして早く眠った。

二十日、二十一日、二十二日略

二十三日――馬鹿に暑い。午後五月二十六日出すの手紙落手。嬉しく読む。漂浪の旅にあっては手紙ほど慰安になるものはない。毎々手紙を受け取ると直ぐこの次の手紙は幾日頃に着くだろうと指折る。それから再び手紙を読み返す。淋しい時は取り出して読む。全く手紙は唯一の慰めだし、恋しい者の手に触れた移香があり、遠くに聞こえる話し声の感があるからね。手紙は一週間毎位に米国へ着くが、それすら待ち遠しいほど旅にあるものの心は満たされないで空洞《うつろ》になっているのです。

夕景、バイラスパークを散歩した。夕風は沼の面を辷《すべ》ってオーク（柏）の葉をカサカサと音たたしめる。蚊が羽音をなして私達芝生に座するものを襲う。夕焼けの空を眺めて下宿へ帰る。室は暑い。入浴して涼をとり、親類の諸氏に葉書及び手紙を書く。夜更けて逸見君シカゴより帰る。

二十四日――結婚して一周年の記念日が来た。遡ってその日を考えると昨日の様に思われる。その恥ずかしく楽しかった日から幸福は涌いた。一年も束の間でした。この様に境遇の変化が眩しい位であろうとは昨年は想像もしなかったのです。遂に淋しい遣る瀬ない今の生活を過ぎ去った月日の二倍に相当する間続けなければならぬ破目となった。御前の云う「楽園のような幸福の跡が恐ろしい」と云う因果律の支配する処となったわけだ。然し思えばこの二年は私達を相愛に醒めしめて、続く数十年を更により多く幸福に、美しい愛の融合にあらしめる萌芽を与えつつあると考えねばならぬ。又楽しかった一年間の愛の結晶として生を亨《う》ける嬰児は今年の大きな収穫物となり、私達の淋しい二年間の生活を光りあらしめる唯一の慰安と記念物ともなろうとしています。過ぎ去った一年は意義の深いものであり、続く二年も私達の生涯には重大な意義を形成するでしょう。けれども旅にある私は毎日淋しさを追って彷徨うが、御前は一つの楽しさを追っている。「淋しさにはなれている」と意気込む私にも淋しさは痛切だ。淋しさに苦痛がなければよいと思う。

　この日を記念すべく、お祝いの葉書を出し、且つ贈り物を求めた。それはゾナゲールと云う女詩人の著書です。平易らしく見えて意味は明らかでない。送っても「読め」とは奨めません。記念の品として残ればそれで足りる。

　夜、フイルムを洗い現像、焼付け等して、一時半頃まで話す。

二十五日――早起きして読書、涼しいので進む。今日、テーラーの農業経済書は読み終える。夕方、散歩して写真撮る。紐育領事館より欧羅巴行きの船賃が書留にて到着せりとの通知に接す。

二十六日

今日より大学にて夏期講習を開くので街は賑やかだ。ラスロップホールで食事する。女達が多く高声に話して大威張りだ。夕方散歩すると例のカヌーも見えた。

夜、写真の現像をしたが失敗した。

二十七日

午前久留島君の処に遊ぶ。午後読書し昼寝す。夜、活動見物に行く。主な映画は詰まらぬものだったが、音楽と写真で情緒の深い場面や、北極の氷山を写して涼しく感じさせた。パイプオルガンが錆びた潤いのある音律を漂わす。緑紫色の野原の景色が写る。これにラヴソングが書かれては消される。

what must I do to be known by her of my unsupportable heart.

(吾が切なき胸を君に知らすに如何にかすべき?

吾が胸に唯一人ありてふことを君に知らすに如何にかすべき?

幾度か失いし君のほほ笑み、

吾が命このほほ笑みにかかれることを君に知らすに如何にかすべき?)

等の唄が奏でられ、観衆は静まりこの情景に浸る。二人連れでいる人達の胸を剔《けず》る様に痛く、融かす様に熱くするものがあるだろう。私は久し振りに心地よいシーンと思った。日本の活動がもっと上品に、低級なドタバタを離れ、音楽と文学を取り入れて視覚ばかりの活動でなく、耳と、頭、情操を動かす様に進歩して欲しいと思う。十一時頃帰る。活動のシーンが私の頭に染んで芳醇な酒に心が恍惚とした時の心地よさがあった。詩を書いて見る。

二十八日――当地を去ろうと考え出してから日は飛ぶように過ぎ去る。今日午後ミス・ケルシー婆さんが私の送別にティーに呼ぶとのことで三人で行く。ミス・エスターも来ている。先日島君がケルシーに贈った「羽衣」（注1）の説明をせよと云う。私は説明した後少しばかり謡（注2）を唱って聞かす。メロディーがあると云って喜ぶ。帰るさい「数年の後、日本で貴女を見ることだろう」と云えば「そうありたい」と云って笑う。夕食はチャプスイへ行き、私のための送別会であった。

（注）1　羽衣《はごろも》。能の曲名の一つ。
　　　2　能の声楽部分の称。

二十九日――横山と云う生徒から葉書来る。マディソンで出したものへの返事だ。今日、二つのパブリケーションを送る。書物も発送の用意した。夜、入浴。近々マディソンを去ると思えば何だか忙しい。

三十日――雨降る。午前紐育領事館より本月四日出しの手紙及び文部省よりの旅費辞令来る。午後、早速返事を書き参考書三冊発送した。夜、久留島君の処へ行く。

六月も過ぎ去る。日々の早く過ぎるのが嬉しい。一日と帰朝が近付く心地です。

付録

御地では「ツツジが咲いている庭で遊ぶ」と云う頃に手紙が書かれていたが、当地では今、チコリーと云う空色の「コスモス」の様な花が――「コスモスの君」と云う御前を思わせて――野原に咲いている。ハマナスの実ももう大きくなった。チェリーの実が美しく実っています。

この町の女達はこの頃真紅のセーターを着ている。赤いややちゃんのおべべの様に思われる。西洋人は着物の色好みは単調です。夏になって女も男も帽子を被らないのが流行る。女はばさばさした頭や、短く切ったもの、耳をかくして束髪しているもの等がある。米国では無線電話が大流行で薬屋へ行くと、五百哩離れた紐育のオペラが聞ける、汽車の中でも聞ける。新聞社は毎晩、音楽と記事を読者に送っています。

七月一日

一昨日、右の膝頭に出来た小さい御出来は、取扱いが粗末だったので、昨日の晩方に可成りの痛さを覚え今日になって全く痛い。薬屋で求めた薬も沃土丁幾で日本の「打ち身筋違い」に用いる薬だ。下町へ用事に出るに多少ビッコひいたのが悪く、夕方になって痛み出し、腿部のリンパ腺が腫れ出していよいよ御出来は化膿するらしい。夕食は近くで摂った。夜少々熱が出たので、船の中で痒い御出来を退治した様に六神丸を呑んで眠る。

二日――御出来で歩行は苦しい。小さい奴だが膝頭だから歩く度毎に痛む。今日頃ワシントンへ出発の予定だったが予定は変更した。小さい吹き出物のために出発は延期した。延期が返って幸福なのかも知れぬと考える。紐育の領事館へは七月に、三日頃着くから手紙は回送するなと願ったがこんなに遅れるなら出さねば良かった。

昼晩共に近くのレストランですます。痛みは益々加わる。逸見君は硝酸を持っているのでこれで罨法《あんぽう》することとした。本橋君は器用に包帯してくれた。夜になって熱さえも加わって歯痛もして来た。気分は悪いので益々クサクサして淋しい心地になった。旅にいて気分の悪いほど心細いものはない。早く眠る。

三日――昨晩余り痛むので罨法を取り去り漸く苦痛去り、歯痛さえするので歯の薬をつめて漸く眠り得た。十時頃久留島君の処へ明日の出発は不可能だと告げた。御出来はお医者に見てもらえとのことで十二時頃清水君と久留島君が来てくれた。ミセス・ヘッドが聞きつけて見舞いに来て、昼食をくれた。二時頃ドクターの処へ行き治療を受ける。手荒い療法で膿も充分に出さぬのに痛い計りだ。二弗もとった。帰りに電車を待っていると足がヅキヅキするので心気が遠くなる。物音がかすかに聞こえて気絶し相になった――御前は私の性質を十ヶ月の生活で可成り呑み込んだが、私が気弱で非常な落胆や、驚き、痛み、で卒倒することは知らないだろう。私は嘗てその経験がある。ある時は縁側でブッ倒れて、数分も白眼ばかりになり死んでいたのを兄に助けられたことがある――例の気絶だなと思ったので久留島君にタクシーを頼み、私は清水君に助けられて近くのレストランへ入りフラフラと椅子に就いた。幸いに強度の気絶でないので直ぐ気分も恢復した。二十分ほどの後出てみたが久留島君がいないので電車で帰り、ドラッグでお医者の処方箋の薬を需《もと》めて清水君に送られて帰った。聞けば久留島君はタクシーを見いだしたが私等がいないので探しに歩いていたのだと云う。夕食はミセス・ヘッドのご馳走を食べた。夕方、札幌帝大教授の伊藤誠哉博士来る。十二時頃まで話しているのをベッドにいて聞いた。痛みは次第に薄らいで行く。

四日――　今日は米国の独立記念日だ。此処かしこ子供達はクラッカーをポンポン音させている。日本の爆竹、花火、線香の類だ。目出度い時のものらしい。昼食はミセス・ヘッドの料理を食べた。料理も悪く美味しくはない。御出来の膿も全部出て大きな穴が出来た。歩行は少し困難だ。午後になるとクラッカーは益々旺んに戸毎に国旗も出してある。子供達は嬉しそうに美しい着物を着ている。本橋君は携えた日本と米国の国旗を掲げる。私は写真を撮る。ミセスエンドミスター・ヘッドやオマー市から来たというヘッドの姪というミスも撮った。初め私が記念だからと云ってヘッド夫婦を撮るとオマーの女は家へ逃げ込む。化粧室へ行って髪を揃えて帰ってくる。田舎の女はしおらしい。家族全部のを撮るときにオマーの女も入った。夕食後バルコニーでヘッド夫婦、オマーのミス等と話す。楡の並木の中へ月が昇る。ミスは「美しい」など云って日本語の「サン」の意味を聞くから説明すると、御前の名前を尋ねる。「フサーコ」か「フッサコ」と発音の点まで聞き正した。

九時頃から、バイラスパークで花火があるので皆が行く。私は足が痛いので家にいると公園では大きな爆音がした。十時頃帰る。本橋君は「君が代」のピアノを弾く、ミセス・ヘッドも米国のを弾く。私達はその都度立礼する。次いで私に謡をやれと云うので「三井寺」（注）の一曲を唱う。オマーの女は喜んで私にその説明を求めた。十二時眠る。

（注）三井寺《みいでら》　能の曲名の一つ。

五日

足の痛みも少ない。朝食には歩行の苦しさはなかった。四時頃オマーのミスが帰るとのことで別れを告げる。皆で握手すると「妾はフォースジュライを忘れない」などと云って紅くなる。田舎のミスだから初心だ。大威張りの米国女をみなれた私達には珍しい気がする。女は天性としての優しさを持っているものだと思う。夜、伊藤博士の歓迎会を開く。

七、八、九日――マディソンを去る日を定めると日は矢の如く過ぎ去る。平凡に二ヶ月をこの町に過ごした。写真術を覚えたのと、付近の農場を見、書物を読んだのがその全部の仕事であった。

十日――明日、マディソンを出発するので忙しい思いがする。朝のうち雨が降る。荷物を調えて運送屋に依頼してデポーに出す。同時に切符を需めて荷物を預けいれた。帰るさい宿の主人への御礼のキャンデーを一箱買って来る。四時頃からバイラスパークでピクニックをして私の送別をするとのことで行く。田阪、清水、久留島、伊藤教授、逸見、本橋の諸君が来た。公園の中央へ備えてあるピクニック台を持ち出し、用意して来た日本版チャプスイをタクシーから下ろす。まだ早いので伊藤教授は釣りをする。私はその写真を撮った。夕方、焚火をしてチャプスイを暖めて、紙のテーブルクロス、ディシュで食べはじめる。森を渡る風音を聞いて、芝生の香を嗅ぎながら食事するのは全く心地よい。日本の「山遊び」「浜遊び」とよく類似している遊びだ。外人は毎日曜にピクニックをやるので公園でもその設備が備わっている。

薄明になるとレーキサイドドライブの人達が過ぎて行く。私達を見て「チャプスイ？」と聞いて行く若いカミさんもいる。若い女達のカーが来ると、久留島君は西瓜を持ち上げて「カムヘア」などと云う。女達はキャッキャッと喜んで色々話しかけて行く。全く「気さく」な国民とも見える。米国人は滑稽を好む人間だから或る点は日本の様に頑なではない。

闇くなって月が出る。焚火を旺んにして、これを囲んで「サンドウィッチ」を食べる。お腹はもうポンポン鳴りそうに膨らんだ。九時頃帰る。

十一日

出発する日が来た。故国へ書籍四冊「アダムス・ファアーム・マネージメント」「マクリン・マーケッテング」「スコビル・ファアム・アカウンテング」及び「マーケッテング」だ。その他婦人雑誌及びキャピトル（議事堂）の説明を一包送る。荷物が増加して入りきらぬのでスーツケースを十四弗で求めて来る。午後一時タクシーで見送りの人達と共にノースウエスタンデポーへ行く。プールマンパーラー（豪華客車）を求めて特等気取りだ。久留島、清水君も来た。永々のお世話を謝して一時四十分汽車は出る。見慣れた湖水、森の美しさを後に丘陵地に入り、遠く田舎を見晴らす高地を通ると、すぐ澄んだ流れに添って走った。

煙に包まれたシカゴへは七時（シカゴタイム）に着く。ランドルフ街のブリグスハウスホテルへ入る。このホテルは下町の商業区の中心だ。エレヴェーテッド（高架鉄道）やストリートカーの音が喧しい。バスをとってよい心地だが暑いのは閉口した。話す人もなく淋しい一晩が来た。

十二日

七時頃起きて外へ出る。雨に煙って、勤め人の行列が動く。谷底を歩く様な街を行って食事をする。多少町も覚えているのでミシガン通りに出て領事館へ行く。九時半だ。ノックすると外人の女事務員が出てきて待てと云う。暫くして人達は出勤する。在外研究員係りの人に手紙の紐育転送を依頼した。話は小説家島田の大洋丸内で起こした珍談になった。島田は森島の婦人に懸想を仕掛け、これを止めろと云った早稲田出の男と喧嘩したのだ。桑港の新聞にも詳しく書きたてられたそうな。その島田が紐育でも何か問題を起こしているらしいとのことだ。私は独逸へ連れ立つ約束をしたが同行せぬから安心なさい。

十時頃辞してドレクシル通りの野口君を訪れる。紐育へ先日出発したと云う。池見と云うシカゴ大学の学生が出てきての話だ。「まあ入れ」とのことで三十分ばかり話して昼食を共にした。私がストックヤードへ行くと云うと連れて行けとのことで同行する。

アマーストックヤードは世界第一の家畜屠殺場だ。周囲の町はために臭い。米国の中部地方に産まれた家畜は此処で殺されて、再び世界へ販売されるのです。豚の叫び、牛の頸部を切られて流す血で、実に一面の血の海だ。残酷なことは言語に絶する。黒人や白人は血に染まって鬼の様に鉈を振って首を切る。人類は何故かくも残酷な食物を求めるかと感じた。冷蔵庫にはこれ等の肉が山の様に吊してあった。昨年この工場に起こったストライキは残酷な人達の群であるから猛烈に人を傷つけたと云う。話を聞いて只ひたすら人類の心理、嗜好の純化されんことを祈った。三時半頃ホテルへ帰る。

十三日――九時頃起きて、繁華な下町を見物する。マーシャルフィールドと云う三越式の大商店へ入って道に迷った。私の腕時計も壊れて修理料が高いから新しいのを求めた。天麩羅（しかも一四金）で三十弗た。機械がよいのでしょう。お昼過ぎ池見君の処へ行きジャクソンパークを見た。ミシカン湖の水浴は盛んだった。グレーンエレヴェーター（穀物倉庫）を見る心組だったが場所不明のためによす。四時頃シカゴ第一のシカゴシアタへモーションピクチュアを見に行く。

五百万弗の建物だから立派だ。緑紫の光線を利用して内部は感じがよい。写真は大した感動を与えなかった。夜、ホテルの主人に切符買い入れ及びトランクの回送を命じた。

街の状態、建物の有様を記すには余りに煩雑過ぎるから簡単に日誌する。シカゴの或るレストランにはダンシングと書いたのがこの付近にある。これ等は凡てフランス式の堕落したものだと聞く。凄い町だから近くへ行く気にもなれない。街を歩くと若いダンサーの様な女にキスを投げられて得意になって行く惚気男《のろけ》もいる。マディソンよりも顔型のよい女を多く見る。紅で頬を染めて、半身を出して歩く女達は濃艶で毒草の花を見る様な感がする。マーシャルフィールドではシカゴの「虚栄の街」が形成されている。三越で見ると何等変わらない売り子にも女にもこの街の代表的なのがいる。私は珍しいヘアピンなどに目をつけて、ちょいちょい眺めたが男では気後れがした。三越で御前と二人で冷やかしたのをそぞろ思い浮かぶ。扇形を彫り抜いた美しいピンがあった。送ってやりたい気もしたが高価で止めた。まだ紐育、倫敦、巴里へ行けば面白いお土産もあるだろうと思う。

建物が凡て高いので谷底を行く心地だ。市街線の唸る上を高架線が轟く。地下線から電車が飛び出る。オートモービル、タクシーが流れる。ポリスが乗馬で笛を吹くと一街は車が通らぬ。この間に通行の人達は街を横切る。人達の忙しいこと空調子で歩いている。一ヶ年もおれば寿命も縮むだろうと思う。この市にはラサル、ブラクストンなど三、四の大ホテルがある。屋上の広場では毎晩ダンシングがある。その旺んなことは意想外だと云う。私のホテルは小さいのでダンシングホールは持っていない。旺んなダンスは見物したいがタキシードがないから駄目だ。これ等のダンシングパーティーは夜更けるまで踊り狂ってホテルに泊まり込むのだ。公娼制度のない国はホテルが堕落の中心となる。

十四日――金曜日だ。外人はこの日旅立たぬ迷信だと云うが私は予定の通り出発する。

宿の主人は朝切符を呉れて当ホテルを日本人に紹介せよとて多くの名刺を添えた。私は「よし、御前のことを良く云おう」と云えば「エイス・プリーズ・サー」と現金にサーまで持ち上げた。米国ではデモクラチックだからよほど尊敬しなければサーとは云わない。十時頃からジャパニーズＹＭＣＡに島津さんを訪れて、お別れ旁々《かたがた》過日のお礼を告げる。昼餐の馳走になり旅の注意など聞いて二時頃ホテルへ帰り、直ちにビル（勘定）を支払いタクシーでミシガンセントラルデポーへ行く。汽車の出るまで地方特産品の陳列棚を見る。黒人が来て馴れ馴れしく説明する。凡て日本人は黒人に持てる。時には有難迷惑もある。白人は黒人を牛馬の様に考えているのだから白人の前で親しく話すのは日本人の体面を損なう様にも思われる。

三時、スタンダードプールマンカーは出発した。ミシガン湖に沿ってシカゴの郊外へ走る。丘陵は起伏して、雑木の林が続く。暫くして農地に出る。農舎は果樹に囲まれ農場の一端に林地を備えているのが特徴だ。こうした景色の連続に倦《う》んで私は屡々《しばしば》眠気に襲われた。七時頃食堂へ行く。汽車は葡萄園を走る。遠くの丘、森は夕陽を浴びて一時映えを見せながらやがて黄昏に包まれる。スモーキングへ行き外人連中と話す。大部分は低級な人々だ。農業経済と云う字を知らぬのがいて盛んに唾を床へ出す。外人の不作法は日本よりひどい。ミネエルと云う田舎の若者がナイアガラフォール見物に行くとて親しく話すが発音が田舎なまりで両方共に通じない。十時頃まで色々な人々と話し後眠る。線路の悪しきため汽車の動揺激しく熟睡せず。

十五日

二時間ばかりも眠る内五時になった。緯度の関係でデトロイト用セントラルタイムとなる。一時間時計を早めたためもある。六時過ぎナイアガラフォールに着くので急ぎ服を着る。汽車は、NFカナディアンサイドで霧の中に瀑を見ながら走る。もうカナダ領にいる。暫くしてインターナショナルブリッヂを渡る。セントローレンス川の峡谷に藍色の水は流れていた。米国側のナイアガラフォールズデポーに下車する。中年の男が日本字で書いた名刺を持って来て渡しポーターに私の荷物を聞きさっと持って行く。この名刺は嘗てこの男に案内を受けた者で「二十五仙で案内する。信用できる男だ」と書いてある。二十五仙ならば便利と考えて「ガイド頼む」と云う。大将「オーライ」でタクシーの処へ私を連れて行く。これは意外、タクシーの心組でないので「タクシーはいらぬ」と云えば「御前は私を頼んだではないか?」とやり返す。さあしまったと思えば下手な英語は益々話せなくなる。「切符をデポジットして、バゲージを預ける」と云えば「判った」と云い様荷物を積んで走りかける、そして乗れとすすめる。人中で大きな声で争っていても詰まらぬ、紳士らしくもないと思ったのでしてやられたと思いながら乗って「幾らはしい?」「五時間乗るから、一時間宛五弗」など馬鹿に落ち着いて答える。私は「御前は悪者か?」「ノー・アム・グドマン」と発す。狡い奴だが仕方がない私も度胸を決める。切符は預け、今晩の寝台を需めたが荷物は預けさせないで瀑見物に荷物を積んで行く。大将は私が下車して見物する間荷物を担保する心組らしい。とうとう田舎者はナイアガラで大赤毛布《あかゲット》（馴れない旅行者にみられる）を拡げた。再三、瀑布にはズルイ奴がいることを聞いていて、余りに巧妙な手段だから罠に陥ったわけだ。私はどんどん急がせて一回りした。約一時間半でデポーに帰って大将荷物を預けてくれる。八弗の賃金を請求されて驚いたが、私ももうその頃は覚悟していた。喜劇はこれで終わってナイアガラ瀑布の光景の幕となる。

瀑布は米領の側に懸かっていて、米国と加奈陀《カナダ》の界《さかい》をなしている。瀑の周囲は両国が国立公園を設けている。車は、今、米国のナイアガラフォールズパークを走る。芝生に楡の木立は露にぬれ遥かに瀑布の轟く辺りから朝霧は立ち昇って、この木立を縫う冷ややかな朝風は睡眠不足で火照っている顔を撫でる。暫くで渓流の逆巻く橋を渡る。激流は岩に砕けて益々怒り狂う。橋を渡ればゴートアイランドの茂りに入り一転してアメリカンフォールを展望する高台に車は止まる。先の流れで狂った万斛《ばんこく》の水は岸壁三百六十尺を飛んでセントローレンスの流れに入る。ある者は岩礁に当たって水煙となり霧となる。朝靄は東雲《しののめ》の空を離れれば、七彩の虹は瀑を横切って懸かる。渓流の緑に砕ける白波、白絹の如き瀑を練る。セントローレンスの紺碧、乙女の如く静かに清く流るる川、その対照、その色彩、耳を聾せんばかりの瀑音、総身に迫る冷気、思わず荘厳の感に戦慄を覚えた。

高台を下り、瀑の流れに添いて滝壺を見る。水煙は立ちこめて、飛沫は瀑風に煽られ服を潤す。下底の岩礁を伝い桟道が架せられ、数人の観光者は全身を黄色の防水布に包みこれを渡る。水煙は屢々彼等を囲みかくした。

再び高台に帰り、ホースシューフォールに向かう、川を眼下に見て走ること暫時車を捨て急坂を下り渓流の河原にでる。岩を伝い架せる桟道の端に立てば、馬蹄瀑の大部分を見る。急傾斜を下る流れは白波となり、奔騰して、絶壁に懸かれば忽ち水煙となり万雷の轟さを残すのみだ。馬蹄瀑は水量甚だ多く、ために馬蹄は次第に傾きその形を改めんとする様に見えた。

車に就けば直ぐにスリーシスターアイランズの入口に止まる。三小島は流れに点々として、これを阻む橋を架しこの三島を連鎖してある。足早にこれを回り、激流のもの凄さと水の清澄を見た。次いで公園を横切りその入口に出で、インターナショナルブリッヂを二十五仙払いて渡る。加奈陀の官吏は旅券を見せと迫る。ことなく過ぎクイーンビクトリアパークを走る。英国式公園は木立、芝生共に人工を加えたる点多く、整然たるものがある。公園を行けば二瀑を正面より見て、偉観を一眸に集め馬蹄瀑の端に懸かる玉簾の如く細く、砕けたる美観を見た。公園には瀑を見下ろし数多のホテル、料亭があってその形は公園の美を更に増すごときものだ。車はローレンス川に沿って下流に返る。河の両岸は絶壁をなし、水平の岩層は起立して人工かと疑わしめる。三箇の鉄橋は危なげに架せられてある。下るに従い水はいよいよ静かに澄んで濃き藍色をなしている。流れは次第に狭まり極る処、俄に円形に広まれば流れは一転して西流する。この場所にスパニシュ・ケーブルを架して観光客に備えてある。

この処で帰路をとり車は停車場に帰る。バゲージを預けて徒歩、紐育の竹橋君に打電した後朝食を摂り再び散歩して公園に向かう。

そろそろ観光客も多く、ハネムーンの人達と田舎からの見物人が多い。ハネムーンの人達は各々逃すまいとてか、滝壺へ落とすまいとてか、しっかり抱き合って歩く。あんなに曳き合えば公園を一回りもすればがっくり疲れるだろうといらぬ同情をする位。私は呑気に見物して回る。今朝六時から晩の八時までの時間をどうして過ごそうか、時間があり過ぎて困っているのでした。

滝を再び見回る。正午頃の光に照って色は益々鮮やかに、虹は濃く美しい。ゴートアイランドの先端の木陰で渓流の上流を望んで休む。上流は流れが静かで洋々と広い。遥か彼方の工場は煙の影を流れに落とす。川風の涼しさに私は謡など吟じて呑気にいると、突然二十五位の女がやってきた。出し抜けだから私はぼんやりしていると「滝見のボートは何処ですか」と聞く。滝見のボートは全く反対の側なので空言を云うと思ったので「知らぬ」

と返事する。「サンキュー」と云って帰る。木立で見えないが向こうで連れの女と始末を話しているらしい声が聞こえる。私の謡を誰か泣いてでもいるのかと思って見に来たらしい。大分天狗の謡も米国へ来ては泣き声としか聞こえぬとは情けないハハハ。

二時頃ぶらりと滝見のボートの処へ行く。岩を直下する穴（トンネル）を掘り滝底へ出るエレベーターがある。これを下ると冷しい滝壺を見に近付くと、飛沫のために眼鏡も曇りぬれるので見えない。滝見船はメードオブザミスト（霧の乙女）と云う名だ。七十五仙で乗り込むと、ミネエルと云う田舎者も、パンツ男装の女達も五、六人いる。ケビンでラバーコートを着て防水の用意をしマスクの様な顔ばかり出る帽子を被る。馬鹿に暑い。小柄の女達は長いこのコートを日本の打ち掛けを持つ様にして歩く。「霧の乙女」は静かに碧流を割って遡り、アメリカ滝に近く飛沫のために全体は時雨に襲われる様だ。近付けば轟きのために何音も聞こえぬ。渓流は岸壁を白馬の駆ける如く下る。岩礁の起立に対して、滝は曲線の軟き綿を積んだ様だ。滝見の桟道を黄色いコートを着た人達は飛沫の時雨に苦しんで渡っているのが見える。手を揚げておさらばをする者もいる。

次いで馬蹄瀑に近づくと波は高く船は揺れる。時雨は益々ひどい。女や子供達はキャッキャ騒ぎ立てる。パンツの豪傑女は帽子も被らず平気だ。髪をぬらしてバサバサ狂女か鬼女の様な感じがする。この瀑は水煙が多いので遂に半分下は見えぬ。雄大と云うより外はない。約半時間で帰着した。

デポーに帰ると四時だ。時間があり過ぎる。ムーヴィへ行く。田舎だから貧弱、代わりに安い。一時間ばかり見て七時近く夕食して汽車を待つ。三十分も延着でいよいよ退屈だ。漸く汽車に乗る。スモーキングでは、今、日本から帰ったと云う外人は日本通振りを発揮する。確かで無いことは「イズザットソー」と聞く。「ゲーシャガールズ」を感心して「ハイクラス・ピープルズ」だと云う。日本で芸者にもてなければハイクラスに見えないのかも知れない。

私の前の寝台に夫婦者がいる。ポーターに床を造らせて二人で入り込み、やがてワイフを中に入れて置いてカーテンを吊して一枚ずつ着物をぬがし夫がこれを畳む。面白い場面だと思う。十時頃私も床に入った。汽車は静かで動揺も少ない。

十六日

五時頃起きると汽車はハドソンリバーに沿って極めて早く走る。ハドソンの対岸には美しい別墅地が続く。川の岸辺に禊萩《みそはぎ》が美しく咲いている。もう国ではお盆だ。禊萩《みそはぎ》を墓に捧げた頃が忍ばれた。汽車は高台から平原へ向かうので丁度信州から東京へ向かう途中武蔵野を走る様な心地がした。紐育へ行けば楽しい者が待っている様な――私が国（石川県）へお別れに行き、東京へ帰る時に感じた様に――それは御前からの手紙が少なくとも二通はあるだろうと思ったからでした。

グランドセントラルステーションに十時に着いた。迎えにきている筈の竹橋君はいない。タクシーで先日島津さんが手紙で紹介したミセス・ドルラの家へ行く。幸い室があり此処に落ち着く。（第七信終わり）

4 紐育《ニューヨーク》、華盛頓《ワシントン》

七月十六日　ニューヨーク着

ニューヨークにて伊藤氏と（左著者）

第八信

ミセス・リヨーのアパートメントを突然訪れると、伊藤と云う日本人が下宿している。その事情を話すと室があるから入れと云い親切に世話してくれる。伊藤君は紐育に来て洋服裁縫を研究している人だ。

七月十六日

正午前から連れ立ってサブウェーに乗る。地下線は暑いが速度は大だ。大仕掛けな仕事をしたものだと感心する。四十二丁目の辻で下車して日本料理屋へ行く。久方ぶりで日本食は美味しい。味噌汁も豆腐も胡瓜もみもある。食事している間は常磐津をやる。全く日本が恋しくなる。終わってエレベーテッドカー（高架鉄道）で下町へ行き、ウールワースビルディングへ行く。世界第一に高い五十八階の建物だ。付近は凡て二、三十階の建物で埋まっている中に聳えている。その頂上までエレベーターで登ると、一瞬見ゆる限りは市街だ。付近の高い建物もマッチ箱を並べた様で人が蟻の如く見える。紐育港に向かえば「自由の女神」の像は、小島に白く見えて右のハドソン川には無数のフエリーが並んで対岸のニュージャージーにも多く見える。左はブルックリン市で霞の中に街は続いている。川（イーストリヴァー）に架した著名なブルックリンブリッヂは箸の様だ。海、川共に汽船が点々と動く、真に大都会と云う感に打たれる。このウールワースの頂上に記念署名簿がある。私は日本字で署名した。横で見ている外人は支那文字かと聞いて笑う。この建物を下って下町の中心（ブロードウェイ）を歩く。日曜だから僅かに通行するのみだ。バッテリプレスと云う海岸へ出る。ピクニックの人達で埋まっている。水族館で珍しい魚を見て、帰路をとりセントラルパークの近く、キャピトルシアターでムーヴィを見る。実に立派だ。宝殿の感がする。例の通り光線を利用して情緒深く内部を彩り、写真は彫刻——それは女が胡琴を奏しているその弦が半ば切れて女は力なく伏しているもの——の説明を画いたものだ。実に強き愛着を表現したものだ。夫が漁に海へ出る。灯台守の娘はその妻だ。この娘に横恋慕する男の悪戯から灯台の火を消したとの理由で娘の父は灯台守を辞めさせられる。娘は夫が帰れば弁明してくれるものをと落胆して室に帰り子供をあやしていると、夫の船が難破したとの知らせが来た。娘は狂気の如く海岸に行き沖に沈む舟を見て海に飛び入り助け舟を漕ぐ。不幸にも夫は発見出来ない。落胆して気絶するのを人達は家へ連れて帰り、蘇生すると悲しげに揺籠の縁に添い子供を見張って泣く。この姿がその彫刻なのである。可成り私を感動させるものがあった。少なくとも殺戮を含んでいないのみでも私には心地よかった。その外チャップリンの滑稽物もありオーケストラの音楽もあった。八時頃出てチャプスイ（支那料理）で夜食して家に帰った。疲れていたが一時頃まで手紙等を書く。

十七日　十時起床。十二時、伊藤さんの店へ行き竹橋君へ電話をかける。四時過ぎ訪れる約束をした。直ちに領事館へ手紙を見に行く。一通もないので悲観した。文部省から金の通知及び為替を受け取って、アメリカンエキスプレスカンパニーで汽船の出発日割りを貰い、引き返して二十三丁目の森村商店に行き竹橋君に七年振りの面会をした。色々国の有様など話し、五時半「都」と云う日本料理屋でご馳走になり、百三十丁目に帰りニュージャージーのパリセイド遊園地へ行く。大阪の天王寺か鶴見の遊園地を大きくした様な処だ。山の上に水泳場が設けられ男女が抱き合って水泳している。開放的な国だ。男女の浴場を分けていない。ライドと云う奇抜な遊びをやる。その恐ろしいことは初めての経験だ。九時頃帰路をとり下宿へ行く。竹橋君は私の宿のすぐ近くにいるので都合がよい。十二時半頃眠る。

十八日　疲れで遅く起きる。文部省への届け、正金（注）、日本銀行等の受取書など書きマディソンでお世話になった方々へのお礼状、日本への通信等を書き終日を経た。御前の手紙が来ていないので若しワシントンの大使館宛に出したのでないかと回送の依頼状も書いた。ミス・ドルラと云う主婦の娘さんは終日陽気に唱っていた。

（注）　横浜正金銀行　第二次大戦前における半官半民の外国為替専門銀行。

十九日

午後から地下線でグランドセントラルステーションへ行き荷物をエキスプレスに依頼してすぐ下町のナサアー街百五十にある近藤氏の東亜貿易を訪れる。外人の若い女が取り次ぐ。近藤氏の妻君が病気で九月でなければ渡米出来ぬと電信があったと云う。私に近藤の友達かと聞き、何時来たなど聞く。日本で近藤氏にあった話を細々尋ねる。私は外に日本人はいないかと問えば、近藤と私と二人だけだが今近藤氏がいないので留守番していると云う。淋しそうに書物と私の顔を見比べて話す。「九月までいるか」「八月中旬出発する」「では、八月頃もう一度来なさい」「来る」など話が尽きそうにない。徒然《つれづれ》だから話し相手にしていると考えたので私は「グッドバイ」を告げた。

それから街の混雑を泳いで汽船会社のホワイトアンドレッドスターへ行く。世界の商業の中心にならんとしているこの町は実に忙しい。汽船会社の日割りをとって来た。帰るさい紐育の女達の化粧振りを見る。濃化粧で頬臙で林檎の様だ。ある者は爪を磨いて美しく薔薇色に染めている。着物はシカゴから見れば色が淡く濃艶でない。マディソンでは過激派の旗の様な真紅、浅紅等の――日本の長襦袢の様に紅か桃色の無地――高い調子の女がいた。然しこの町では見ることは少ない。凡て田舎は濃厚な色彩を好むらしい。又、何処でも毛皮のショールをかけている。夏でも毛皮とは可笑しく見える。

二十日　十時頃トランク着く。早速開いて御前の手紙等をとり出して読む。曇った心地悪い日だが涼しい過去の幸福な生活の追憶が隙なしに頭を流れる。読書も碌々進まぬ。夕景、洗濯物をランドリーへやる。後、ハドソンのリバーサイドで涼む。アパートメントの人達はその辺に充満している。アパートメントは窓が少なく光線の入ることも少ない。大抵五、六階をなしエレベーターがある。室は少なく洵《まこと》に陰気だ。こんな中に住む人達は腐った水の池に住む鯉の様に、空気の通る処で口を開けて吐息せねばならないのだ。人達は喘ぐ。日本の新しい女とやらが洋行帰りと澄ましてアパートメントを大きく吹きたてて西洋建築数層のものを作れなどと云うが愚の骨頂だ。凡ての点に於いて非衛生的なることを知った。

二十一日　終日曇る。雨を怖れて外出せず読書する。夕景、白人の家で煙草を需めると「アリガトウ」と言われて面食らった。紐育では日本人は白人と同様に待遇せられるから日本語を少し知っているものが話しかける。夜、伊藤君はカソリックの信徒だから宗教について話を聞いた。

二十二日　午前に竹橋君から電話で午後の遊びに誘われた。領事館へ行くと、御前の手紙はなく、小笠原貞子が紅い封筒に書いた手紙を拝見した。日本及び英字共に下手だ。御前の方が遥かによいと思う。この手紙は貞何とか云う者へあてたものだった。帰ってボーデビルと云う寄席へ行く。活動、踊り、歌、噺家が立ち替わって遣る。音楽的に多少進んでいるが、その他の点は日本の在来の芸の方が遥かに優っていると思う。日本の凡ての芸は、世界の文化から見て高い程度にあるものだ。ダンサーが尻を振ったり、くるくる舞って裸体になったり、七色の光線を利用してその中で伸び、屈み、飛んでも見たりする。天勝の胡蝶の舞とか云う出鱈目踊りとよく似ている。日本の在来の踊りに比べてはお話にならぬ。

五時頃此処を出て日本倶楽部と云う日本人の会場へ行く。著名な高峰譲吉氏（注）が死亡したとの掲示に驚く。月曜日に告別式があるらしい。日本食をとって、久し振りで日本の国民新聞を見る。情死、自殺、他殺の記事で充たされている。なんと死ぬことの容易な国でしょう。内閣の更迭についても読んだ。六月分全部を読み終わる頃暗くなった。竹橋君は先に帰り、私は独りで地下線に乗る。行き先の異なったのに乗り黒人町に出て困った。歩きで汗にまみれて下宿に着き入浴して十二時眠る。（昨晩書いた手紙は今日入函した。余り通信がないので身体でも悪くしたのではないかと心配になる。日を計算すれば二十五日計り通信がない理《わ》けだ。身持ちだから不安はさらに多い。）

（注）高峰譲吉（一八五四年―一九二二年）石川県出身。明治時代の化学者。タカジアスターゼの創製等。三共製薬等設立。米国に帰化。ニューヨークにて没。

二十三日

午後から伊藤君の案内でブロンクスパークへ写真撮りに行く。広大な公園で人工的な処の少ないいわゆる自然式公園だ可成り大きい。池があって貸しボートを漕ぐ人達が多い。至る所のローンはピクニックの人達で埋まっている。家族全体で来たらしい人達は、子供も親も共に輪に手を繋ぎリングイングゴーをやっている。日本の家庭もこれ位晴れやかであってほしい。ある者は二人だけで女が男の膝枕で上向きに転がっている濃厚なのもある。大規模の動物園と温室は見ず、パークウェイと云う公園連絡道路の美しい並木道を通ってバンコートランド公園へ行く。更に大きな公園だ。池もゴルフリンクもある。夕方近くなり空模様も悪いので急ぎ地下線で帰る。（この他ニューヨークには、ベルハムベイパークがパークウヮイでブロンクスと連絡し、別にセントラルパーク及びプロスペクトパークの大公園がある。小さいものは各所に極めて多い）夜は読書。

二十四日

朝方不祥な夢を見た。余り通信がないからこの夢が何等かの暗示でないだろうかと心配になる。私は再三繰り返し夢を辿ってこの暗示を求めようとしたが漠然としてとらえる由もない。

午後、下町の英国領事館へ行きパスポートの証明を受けた。オフィシャルだのに料金を二弗とった。帰るさい二、三汽船会社の賃金表をとりつつ帝国領事館へ来ていそうもない手紙を探しに行き、落胆をさらに深めた。第五街の大きな書店で三冊の書物を求めて五時頃帰宅。夕景雨降る。チャプスイでラッキョウの酢漬を食べて美味しかった。夜、読書。

二十五日――平凡に終わる。ミス・ドルラと云う十九歳の娘さんは終日陽気に唱っていた。トイレットへ行っても旺んに唱っている。米国の女は日本の女と異なって意味のないお行儀を強いられないから幸福だ。唄は何だか判らないが燃え上がる様な、飛び立つ様な高い声を（いわゆる黄色い声で）振るわせながら唱う。日本の長唄の様に淋しく湿っぽくて泣きたい様なのとは異う。これらの差異は、即日本と米国の女の性質のみならず凡ての人情、習慣の比較を暗示する様に思われる。

二十六日――十一時頃、バッテリープレースへ行き、ハドソン川を出帆する世界一の汽船マジスチク号を見た。水族館を再び詳しく見る。日本の山椒魚もいる。日本人が食用にすると書いた上に透く様な紙が張り付けてある。気味の悪い四足の魚だからこれを日本人が食べると云えば体面に関わると考え、誰か事務員に訂正させたものと思われる。事実日本のある地方では食用にするからこのアクアリウムは正しいわけだ。金魚も日本、支那の代表的魚としている。而も全部の中で一番優美だ。

汽船会社へ行き八月十九日出帆のホメリック号（三万五千屯）の二等、E五十号をリザーブした。文部省の渡英費は最も下等の一等に足るだけあるが、一等ではタキシードが必要で造れば百弗もかかる。僅か一週間だから我慢も出来ようと思い二等にする。船賃百四十五弗、文部省からは二百八十五弗来ているから百四十弗の大節約をしたわけだ。

二時頃横浜正金支店へ為替の金を受け取りに行く。パスポートを持参しなければ渡さないので引き返し、全米で出版する書物目録の出版屋を探したが発見できず道に迷い赤毛布を再び拡げた。夜、読書。二、三日前から涼しい。汗も出ない。風邪で咳をする人達が多い。私は寝巻きの浴衣にネルを重ねた。寧ろ寒い位だ。

二十七、八日

十時頃起床。陰気な室で終日読書し、写真のプリントなどす。

二十九日

近頃になって日が早く過ぎて行く様に思われる。それだけ旅なれたのか無精になったのかも知れぬ。退屈凌ぎにムーヴィへ行く。ジャック・ロンドンの「白き狼」を見る。深刻な作品だと思う。米国の海軍大将が日本を訪れて横浜埠頭へ上陸する光景があった。懐かしい故国の人達と、あたりの光景は私の出発当時を連想せしめた。

三十日

風邪に冒されたか少し咽が痛む。伊藤君がリヴァーサイドへ写真を撮りに行こうと云うから暑い日盛りに出掛けた。ハドソン川への傾斜面に造られた細長い公園だ。芝生と植え込みが美しいハドソンには米国の水雷艇、軍艦等が多数碇泊している。水兵さん達は上陸して芝生に寝ころび、階段を降りる女達を抱き下ろして親切らしく見せている。ある者はもうこの手で話し相手を見出している。上陸出来ない水兵達は軍艦の上でダンスをやっている。音楽はよいが野郎ばかりのダンスでは無風流だろう。
日本料理屋で夜食し、キャピトルへムーヴィ見物に行く。風邪で多少熱が出て咽が痛むから少しも面白くない。保津川の筏流しの光景などもあった。九時頃伊藤君はセントラルパークを散歩する。私は気分が悪いので帰る。薬呑んで眠る。熱は四十度位もあるらしい。苦しい一晩を過ごす。

三十一日――可成り熱も去った。咽が痛くケダルイが今週の間賃を支払うに現金がないので下町のエキスプレスまで行き、チェックを現金に替えて来る。逸見君から先月の学士会報を送って来た。その中に大洋丸での学士会記事があった。

八月一日――風邪のため食事も進まぬ。午後ムーヴィに飛び込んで見たが面白くもない。夜、伊藤君と話す。

二日――多少熱も軟らいだ。四十四街の日本食へ行き、丸山という日本人の服屋で洋服を注文した。六十七弗。過日マディソンで出来合いのを買ったが、紐育へ来てみると余りに貧弱だ。日本紳士の体面に関わる様な気がした。英国へ行けばなおさらだと考えたので遂に注文した。

紐育では貧富の差が東京よりも甚だしい。悪い服を来ているのが多い。私の日本で造った服でも大威張りで居れるが、然し紳士らしく見せるにはスタイルが全く異う。この町の紳士となるには新調しなければならないと考えた結果だ。後、汽船会社へ行き残金百二十弗を支払い切符を需め、ペンシルベニアステーションへ行き時間表を貰う。華盛頓《ワシントン》行きの準備だ。

この停車場の前に同名の大ホテルとギンベルブラザースデパートメントストアーとがあって、すぐブロードウェイと云う銀座に相当する忙がしい街がある。私はこの辺を散歩した。実際、三十三〜四十二丁目までは湧き返っていると形容すれば足る。地下はジャージー行きのトンネル、ペンシルベニア鉄道の地下線、市内サブウェー縦横六条があって、全く蜂の巣の様になっている。この上に四条の高架線と市街電車がある。轟々の音のみで凄い位だ。人達は「八方にらみ」の練習と云った態だ。この忙しさの中に夜店商人がいてバネ仕掛けの雨蛙を跳ばして五仙だと叫び観客を集める、日本出来の提灯を吊した乗合自動車が客を呼ぶ店、建物が雑多で乱雑で猛烈な刺激を与える。自動車は飛ぶ。塵のないだけ東京よりも優っているが、その他は唯規模の大小の違いだけだ。私だけが一人呑気だ。血眼をした者、眼を釣り上げた女が、時には錦蛇の頭に毛ショールをかけた様に濃艶でケモノじみた女が急ぎ足で側を過ぎる。私は「何を求むる?」と聞きたい位に彼等の多忙とは無関係だ。全く学生時代の呑気さである。臑齧《すねかじ》りで働かなくて消費するものは呑気であり得る。学生時代は細臑の嚙りであったが、今度は日本と云う大臑の嚙りで気楽だ。こんなことを考えながらショーウインドーを覗き歩くと、駒場から下町へ遊びに行った頃の、銀ブラをやっている様な心地がした。紐育は、女が男の数よりも遥かに多いという。人種は雑多だ。黒人、伊太利、スペイン、ユダヤ等が極めて多いために女尊男卑は相当に影が淡い。電車の中で女に椅子を譲る者は探してもいない。それは日本よりも極端だ。市内のホテル、各所のダンス場では、毎晩、新聞のいわゆるソサイエティーが形成される。この社交界は踊り狂う。大多数は端女《はしため》だ。男を引き寄せて金を絞る計画を持つ毒蛇の様な奴だ。この市にある日字新聞にもダンス教授の広告が多数出ている。紐育へ初めて来た日本人は、ダンスを習いに行く。そこには日本娘の堕落した者、白人のプロと云う連中がいて、暗黒面へ耽溺せしむる。罠だ。習いに行く連中は大抵絞られ、洗礼されて「アメリカ女にかかってはかなわぬ」と云う哲学？　を得て、日本へ迎妻に行くと云う話です。なるほどこの濃厚な女達にかかっては尤もだ。（第八信終わり）

第九信・華盛頓《ワシントン》にて

八月三日 ―― 終日暗い。平凡に過ぎる。追懐に耽り二ヶ年の遠きを思う。紐育の画帳及び日誌を送る。

四日 ―― 早く起きて旅装を調え洗濯物を凡てランドリーへやり、十時半頃地下線へ行く。ミス・ドルラの好意で弟のアントニオと云う十五位の男の子が荷物をサブウェーの入口まで運んでくれる。ドルラさんは「うまくやって来い。失敗《しくじ》るな」など云う。田舎者扱いか低能児に考えているらしい。言葉が充分出来ぬのは「薄鈍」に見えるのも無理ない。私はこの頃旅慣れて日本を旅行するのと少しも変わらず平気になった。地図を相手に少しの間違いも起こさない自信がある。

　ペンシルベニア駅へ行くと、日光節約時間と漂準時間との差で漸く十時過ぎだ。ワシントンエキスプレスの汽車は十一時十分に発つ。プールマンのスタンダード（日本の二等に相当する）を買って、地下のトンネルへ入る。全く広い。これが堅い水成岩盤の地中に造ったのだから驚く。凡て、電気機関車で轟然と音をたててハドソン河底を走る。約十分で地上へ出るともう蒲、葦等の生えた低沼地だ。紐育は遥かに見えて、付近の処々に真黒い工場がある。ジャージーに就く。工場の町だからシカゴの町と変わらぬ。この付近は一帯に荒野で手入れもせぬ様な林がある。農地は少しもない。大都会の近くに起こるべき蔬菜園芸地の無いのを不思議とする。大陸は何処へ行っても同じ単調な景色を持っている。日本の様に林や町の面白い景色はない。このモノトーンに飽いて眠る。目が醒めると入江がある。浜名湖の付近に似ているが水は濁って付近は森、流木等雑然としていて砂浜の美しい日本の比でない。一時頃フィラデルフィアに着く。煤煙で黒い中に無数の同じ形をした赤煉瓦の長屋が並んでいる。日本の田舎町は樹木があってこの町よりもよいと思う。

この付近には農地も多くコーン、メイズ、トメト、オサツなどが作ってある。幾つかの入江、川を越えて走る。スモーキングルームに入ると「俺は去年日本へ行って来た」と云う男が来た。宮ノ下、日光、フジヤマ、奈良、京都「インランドシー」等を数えあげる。大仏の比較をやり、鎌倉のがよいと思うと話し、終わりに「日本はよい国だ」と結んだ。私は、日本の中央アルプスに国立公園が出来ること、雪線以上で涼しく、景色絶佳のことを話し、他日再び訪れよと云えば、避暑に行きたいと思うと云って、日本語を思い出して、二十五、ソーグン（将軍）とポツポツ云い出す。ボルティモアに着く。急ぎ握手して、サイナアラと妙な口調で別れを告げた。

ボルティモアからは、疎林が続く。秋の野の様に淡紅、黄等の色褪せた野草が花を持っている。地層も黄粘土らしい。一時間で（四時半）華盛頓のユニオンステーションへ着く。

馬鹿に大きい駅だががらんとして人気は少ない。タクシーで日本人の旅館へ行く。無愛想な男が出て来て室をくれる。直ぐ水風呂で汗を流し、暫く休む。樹木が多く大抵は並木町で道路の美しいのはマディソンに似ている。夕食は和食で美味しい。夜、ガイドブックを求めて見物の下調べをし早く眠る。

五日

七時起床。八時朝食し大使館へ行く。赤煉瓦で小さく貧弱だ。九時半から開くとのことで付近を散歩して九時半に行き日本からの手紙が無いかと見るが一通もない。淋しい。

パロア(応接間)で日本の新聞を見る。空梅雨で田植えに困っていることがあり、足柄郡(神奈川県)の小作連中の噪ぎの記事があった。パスポートの証明を貰いに来る連中がいる。暫くすると森島(船中の森島女の夫で大洋丸を去るとき、私もこの女に夫を紹介されたが森島はもう忘れたらしいから私も素知らぬ風でいた)に面会したいと云う男が来て話し出す。鮮やかな発音の独逸語だ。森島も持て余して「静かに話せ」など注意して聞いているが判らぬらしい。遂に明日下宿へ来いと云って別れた。下役の外交官もツマラヌものだと思う。

地図をたよりにホワイトハウスを見に行く。政府の建物の多い下町は凡て公園の様に美しい。カンナの花壇が此処かしこに花をつけている。ラファイエットスクエアへ行くとその向こう通りは亜米利加に珍しい門構えの鉄柵の屋敷がある。これがホワイトハウスだ。門を入ると大きなポリスが二、三人いる。大玄関へ行って見る。内部は知らぬが外部は大理石でないようだ。屋上には十八世紀式の屋上庭園があるらしい。後ろ側へ回ることは出来ない。柵の外から覗く。庭があって木立が美しいのみだ。それから大きな円形運動場を見て、パンアメリカンユニオンの大理石建物の前を通り、ワシントンモニュメントへ行く。方形の高塔だ。オベリスクの様で高台にある。周囲の森を越えて米国政府の建物が並んでいる。この丘を下り、タイダルリサーバー池及び日本から持って来た桜の並木を見、池畔を歩み、リンカーンメモリアルを見に行こうとすると空模様が悪く降り出しそうだ。急ぎ帰路をとり、一時半昼食し宿に帰る。暫時昼寝して疲れを抜く。四時半頃ムーヴィへ行こうと下町へ出る。八時頃でなければ開かぬ。紐育の様に終日やっていることは無いらしい。ぶらぶら帰る。この町はレストランやその他の店が極めて少ない。政治屋ばかりの町で低級な連中の少ないだけ自動車が非常に多く、上町の住宅は皆立派だ。海岸の方の公園も実に大規模で設備がよい。日本の様にごちゃごちゃした公園ではなくて、広闊の感じを与える。市の一端には「静寂区」が設けられて、自動車も電車も凡て喧しいものは禁ぜられたのがある。面白いことだと思う。夜は日誌など認め、手紙書く。

六日

アイオワのサークルは夜遅くまで自動車が通り、その上蚊が襲撃する。蚊帳は無い。熟睡できず眠い。時計は止まっている。起きたが時間も判らぬ、ぼんやりしている。ノックするから入れと云えば黒人の女だ。女中らしい。寝巻きのままで白人の女ならば赤面だが黒人の女では平気だ。時間を見て来いと云えばいそいそ出て行く。なかなか愛嬌者だ。ホテルでは朝ベッドの上に二十五仙銀貨を置くことになっている。室掃除のお礼と云うわけだ。黒人君、これが楽しみで早くノックしたらしい。

今日はキャピトル・ヒルを見に行く予定で歩く。なかなか暑い。ワシントンモニュメントの側の農務省を見る。グリーン・ハウスが多数並んでいて、農事試験場らしい。覗くと、日本の菊が大仕掛けに植えられてよい出来栄えだ。水かけの人夫に話しかけて「サー」と云われて多少いい気になった。

十二時過ぎナチュラルミュージアムの開くのを待っている。入口の番人は私の写真機を預けろと云いバッグをくれる。この中に十仙銀貨が共にある。ハハンこいつチップよこせの謎をかけると思ったが素知らぬ振りで写真機を預ける。この博物館は国立で非常に立派だ。あらゆる動物の剥製、骨格、鉱物、地層の標本が極めて多く、その専門家には確かに価値あると思う。本物のルビー、サファイアの色が淡いことも明らかに知った。絵も美しいのが多くあるが、シカゴのアートギャラリー程ではない。その他エジプトの文明を語る標本も多い。最も多いのはアメリカインデアンの人種の文明、風俗、生活を示す標本だ。これ等の原始人種のハンマー、鋸等を基準にその発達史を示すべく各種ハンマーが発達順に陳列してある。その中に日本のものだとして、発達の低い階梯にいろいろな標本が置いてある。インデアンと日本を同列にみているのが癪だ。尚更私を憤慨せしめたのは衣服発達の有様を表すに各地の未開人の着物と日本の着物が並べてあることだった。その日本服は皆人形に着せてあるが、何れも極めて粗末で、而も着せ方が成っていないために蛮人と余り異ならぬ様に見える。農夫の着物などは左前着で、そのだらしないこと甚だしい。色々の日本の調度品もあるが凡て今用いない様な貧弱なものばかりだ。博物館を見る外人は日本を開化人と考えないのも道理だと思う。日本から真に日本の着物を示す標本を寄付してでもよい理解を得なければならないと思う。

戦争の用具を見て外へ出る。例の番人は又先と同様に銀貨を見せる。私もコッソリと十仙渡せばニッコリする。大将なかなかうまい手を心得ている。二時頃植物園へ入る。貧弱、直ちにキャピトルへ向かう。毅然とした建物で中央の内塔はマディソンのキャピトルと同型だ。夜は探照灯で照らし遠方からも見える様に出来ている。バルコニーの周辺には草花が植えられて美しい。向かって右は議会で左は大審院と元老院とがある。日本の議院もその内に出来るがこの様に大きくないであろう。

四時頃前になる。ライブラリーオブコングレスへ入る。二階は様々の文書が陳列してある。ナポレオンの書、ジョゼフィーヌ及びマリー・ルイズの書も並んでいる。美しい艶史を彩る三人の書にそぞろその時の有様を偲んだ。二人の女の書は美しいその人を思わせる優しいものだった。その他文豪の書中でディケンズの書簡に目を止めた。米国人のではワシントン、リンカーン、モンロー等と主に歴代の大統領の書があった。日本のものでは歌麿、広重等の浮世絵があり（最初の色刷木版の標本として）、古い書もあった。大和百女物語と云う古い書籍、その他多くの仏書もあった。仏国出来の精巧な木版も多数見て、五時頃ユーオンステーションへ行き、夕食を喫し電車で帰る。

夜は疲れたので早く眠る。珍しくスイッチョウが鳴いている。が、この国のはチョウチョウと云うのみだ。国ではもう虫が鳴き出す。夜の草原にはどっさり露の降りる頃だと思うと、急に日本へ帰り、草原を素足で歩きたい様な気になる。渋谷の夜見世を二人で歩いたこと、風雅な虫売りのことなど懐い出す。

七日

華盛頓は狭い。もう見物するものもない。十一時頃まで政府印刷局の参考書類目録を調べてこれを買いに出掛ける。広大な印刷局だ。シューパーインテンデントオブドキュメントと云う堅苦しい局を訪れる。受付の二、三人の事務員はニヤニヤ笑っている。大抵の日本人はここへ来てこの書類目録を集めるから「又ジャップ来やがった」と思って笑っているらしい。米国人は郵送して貰うので直接局へ来ることは少ないらしいのに、日本人は暇だし見物を兼ねて行くからジャップばかり来る様に見えるのだろう。明朝書類を貰う約束をして帰ると入口で日本人らしいのに会う。「又来たな」と私も多少可笑しい。

空模様が悪く蒸し暑い。帰って暫く休むとはらはら雨がして多少涼しくなった。満月が雲を離れて涼風が吹く。家々のパロアにはシャンデリヤやピンクの花傘で覆った電灯を点し、ピアノその他の楽器の合奏などやっている。この町の家庭は凡て上品で楽しいらしく思われる。

宿に来て、桑港の新聞を見ると東京では高等女学校に洋服裁縫を正課とすることを決議したとの記事を見た。日本ではその必要がある。日本服の優美のみにとらわれず運動に便利な洋服も採用するのは至極好いと思う。この国の女達の衣服は甚だ安いものですむ。それで流行も頻繁に変わり得る。日本の女の着物は高価で而も近年は流行が変わり易いので不経済だ。この点は中流の家事経済から見ても何とか改良の余地があると思う。

八日――十時近く宿を出て昨日以来の参考書を買いに行く心組でいると、宿の主人は外出中だとのことで十一時過ぎ漸く宿を出て司書局へ行く。一人で運ぶには重いほど買い入れて、一時五分の急行で紐育へ向かう。驟雨が来て蒸し暑い。汽車は過日の沿道を小気味よく走る。フィラデルフィアの郊外には美しい別荘を見た。花畑の大きいのがある。見ゆる限り美しいカンナが咲いていた。紐育時の七時半ペンシルベニア駅に着いて荷物が重いのでタクシーに乗る。ブロードウェイは夕方の散歩で人出が多い。華盛頓で見慣れた女達とこの町の女達とで著しくスタイルが異なるのに驚いた。考えて見ればマディソン、シカゴ等の街行く人達とは身繕い歩き方が異なって美しい。東京にいて田舎町へ行けば女達が不様に見えた学生時代を懐い出し、都では何処でも同じおめかしに工夫をこらしている女達のいることを知った。八時頃下宿に着く。異常ない。若しやと期待した手紙も来ていなかった。淋しいので早く眠る。

九日

午後から仮縫いの洋服を着てみに行く。ワイシャツと服では薄寒い秋の様な涼しさだ。帰るさいタイムズスクエアのムーヴィへ入る。「捨て子の生涯」と云うもので涙を催させる重い調子の写真だ。多数のムーヴィを米国で見たがこの類――日本に極めて多い哀れなもの――は初めてだ。この写真は米国のある種の婦人は美貌を失うことを懼れるため、享楽主義であるため、バースコントロールを行って、老いた時に子供のない淋しさを感じ、孤児院へ出掛けて孤児を譲り受け子にする人達の多いことを知った。甚だしい矛盾と不自然を語るものだ。近頃私は再三ムーヴィへ入る。私のムーヴィ嫌いは以前からだ。その頃は心底に淋しさを持っていなかったためだ。このころ足がムーヴィへ

郵便はがき

料金受取人払郵便

名古屋中局
承認

615

差出有効期間
2024年6月
30日まで

460-8790

413

名古屋市中区
丸の内三丁目6番27号
（EBSビル8階）

黎明書房 行

購入申込書

●ご注文の書籍はお近くの書店よりお届けいたします。ご希望書店名をご記入の上ご投函ください。（直接小社へご注文の場合は代金引換にてお届けします。1800円〔税10％込〕未満のご注文の場合は送料800円，1800円以上10000円未満の場合は送料300円がかかります。10000円以上は送料無料。）

（書名）	（定価）	（部数）
	円	部
	円	部

ご氏名　　　　TEL.

ご住所 〒

ご指定書店名（必ずご記入ください。）	取次・番線印	この欄は書店または小社で記入します。
書店住所		

愛読者カード

－

今後の出版企画の参考にいたしたく存じます。ご記入のうえご投函くださいますようお願いいたします。新刊案内などをお送りいたします。

書名	

1. 本書についてのご感想および出版をご希望される著者とテーマ

※上記のご意見を小社の宣伝物に掲載してもよろしいですか？

□ はい　□ 匿名ならよい　□ いいえ

2. 小社のホームページをご覧になったことはありますか？　□ はい　□ いいえ

※ご記入いただいた個人情報は，ご注文いただいた書籍の配送，お支払い確認等の連絡および当社の刊行物のご案内をお送りするために利用し，その目的以外での利用はいたしません。

ご氏名《ふりがな》　　年齢　　歳

ご職業　　（ 男 ・ 女 ）

（〒　　　）

ご住所

電　話

ご購入の書店名		ご購読の新聞・雑誌	新聞（　　） 雑誌（　　）

本書ご購入の動機（番号を○で囲んでください。）

1. 新聞広告を見て（新聞名　　　）
2. 雑誌広告を見て（雑誌名　　　）
3. 書評を読んで
4. 人からすすめられて
5. 書店で内容を見て
6. 小社からの案内
7. その他（　　　）

ご協力ありがとうございました。

向き易いのは心に食い入った淋しさを持っているからです。私は横浜を出帆してから毎日淋しさを追っている。二ヶ年間を世界中淋しい旅をするでしょう。

十日――朝方、御前の手紙及び田中君からの通信ある。懐かしい写真が飛びだしたので嬉しかった。会いに来てくれた様な気がした。忙しい手紙の文句には物足りないので読み返せば益々私までも忙しい心地がした。暇はいくらもあるのにこんな忙しい手紙を書くのは気怠いこの頃なのだろうと同情した。田中君の手紙を開くと、これも田中君の性格通りでぶっきら棒なのには驚いた。態々《わざわざ》手紙を出しながら七行のみ書いてある。もう少し何か書くことがありそうなものと思う。田中君も結婚して楽しい時だから気怠いのだろうと私には同情出来た。日本にいる懐かしい人達は皆カッタルイ。時に私も差し迫った仕事もなく読書に飽いてカッタルイ。アパートメントの陰気な中で多少軽い心地で謡を吟じて見た。

十一日、十二日（略）

十三日――日本食を食べ、日本の新聞読みに日本人会へ行く。下町の複雑な処で漸く探し当てたが日曜なので閉館していた。夜、紐育タイムズを需めて読む。五十枚位あって六仙です。外国の一流新聞の頁数の多いこと、写真版の美しいのは羨望に堪えない。記事の一つに米国女気質の一面を表す面白いのがあった。ある男、隣に住むミスの女に卑猥な手紙を差しだし無名で送った後、素知らぬ振りで見知り合っている仲だから電話でムーヴィに連れ出した。女は承諾して同行を約し、一方警察へ侮辱した手紙をよこした男がいると通知して、後、二人でムーヴィに出掛けた。女には探偵の尾行が付せられてあった。ムーヴィの中で男は先の手紙の話を始めた。探偵は待っていたとばかり男を警察に導き罰せられたと云うのだ。新聞では、女はもうその男だと感知し「罠」に陥れたのだと云うことを付記していた。この記事は米国女の表面的には社交上手で内面は強く而も冷酷であることを示すものだ。この性質があるから男女の関係が自由にも関わらず大した弊害も起こらないのだと思う。日本の自由恋愛から結婚への論者は、日本の多数の女にこれ位の強さと勇気を認めての上の論であろうか？　でなければ理想論に終わり実行は失敗するものとなるであろう。御前の意見は如何？

十四日——朝、ミセス・ヘッドから「御前のお産のお祝いまでに子供靴を編んで送った。何卒転送して、妾の誠意を伝えてくれ」との手紙が来た。親切な主婦さんだと思う。子供靴はまだ発送していないらしいが、その内に送って来るだろう。午後エキスプレスカムパニーへ行き、チェックを現金に替え竹橋君を訪れて十九日発に決定した旨を告げて、後、日本人倶楽部で新聞を読んだ。別に変わった記事もなかった。日本の経済界も多少元気付いたらしい様子を見た。日本食を食べて、夜帰宿。詩なぞ書いてみたり、その後の御前は如何だろうなど考え寝入りは悪かった。

十五日　ユニバシティアベニューのウイリアムと云う米国の図書目録出版屋へ行く。目録を五冊ばかり求める。高価なのに驚いた。五時頃帰る。伊藤君もキャンプより帰る。夜、二人でパリセード遊園地へ行く。広いダンシングホールには多数の人達が踊っている。四十五位のセメント樽の様に肥えた婆さんが二人組になって踊る。大きな腹を突き合わせて漫画以上に面白い。若い男女の踊りは癪だ。子供達も踊っている。学校で習うだけになかなか上手だ。野天で軽業をやる。大胆なのに感心する。水泳場は相変わらず男女のフザケ場所だ。帰るさい、仕掛け花火が点火された。火の車の様なものばかりだった。唯だ架走線を火の自動車が動き、空中から滝が流れ落ちる様なのが日本よりも優っていると思う。十一時過ぎ帰宿。

十六日　正金銀行へ二百八十九弗の手形を現金に替えに行く。両替屋で英国の金を求める。英国の金はなかなか高価になった。（一磅《ポンド》＝四弗五十仙）五十ポンドの紙幣は薄い半紙で黒く印刷したもので何かの受取の様に見える。ベカーボールヒスと云う法律書店へ行き借地法の書を需め、ナアサー街の近藤氏事務所を訪れる。入口に名刺があり二時頃帰ると書いてあるのみでその時間になっても誰も来ない。引き返して五番街のマックミラン書店にて目録を貰い帰る。夜、八時頃から竹橋君の処へ話しに行く。色々日本の状態等を話す。竹橋君は俸給賞与等が多額だと吹き出す。中学校出の者は兎に角俸給、収入の多きことを鼻にかける。安月給取りの通弊だ。米国に数年いる日本人は、皆、日本を一握りにしている様に、大学者、大政客、大技術家に成りすましているけれど実力は更にない。竹橋君も多少この傾向を持っているが甚だしくない。マディソンにいた学生は日本へ帰れば大学教授位には容易になれる様に云う。日本へ迎妻に帰る日本人は凡てこの類の大風呂敷を広げて、まんまと虚栄の強い女学校出を釣り上げる。この妻君は米国へ来て見ると話の大農場には豚小屋の様な住宅があるのみだし、話で憧憬した自動車は荷物自動車だと云う風だ。凡て日本の低級な労働者も、相当に知識ある者も米国に数年おれば大ホラ吹きになる。気ばかり大きくて実力の伴わない者になる。これ等は凡て大現模な物質文明の悪い感化だと思う。

十七日　朝、文部省会計課から葉書が来て、十月以後の学資を倫敦へ送るべき処間違ってシカゴへ送ったから転送を乞へとの通知が来た。シカゴの第一銀行の手形では倫敦でとれないから英国へ転送して貰うのは危険だと考え、急にその処置をしなければならなくなった。英国への出発で色々と仕事のある上又一仕事増した。正金銀行へ行き領事館に依頼などして漸く処置がつく。汗まみれで帰り、シカゴ及びマディソンへ回送依頼状を書き、文部省、大使、領事館等へ出発届け及び三重農林の上原校長へ購入すべき図書目録を送り、私の参考書も包装して発送の用意をした後、ミセス・ヘッドに礼状を書く。夜、一時頃までかかる。目玉が飛び出るほど多忙だ。怠け者は時間に迫られて漸く仕事をする。

十八日　朝、多数の郵便物を発送した。参考資料は六包送る。午後森村商店へ行きミス・ケルシー、及びこの下宿、リヨーへの贈り物を需め、一つは森村から発送を依頼した。四時頃からトランクを整理した。先だっての洋服も出来たので夕方着てみる。余り黒いので夏には向かぬ気がする。スタイルは相当によいが再び夏服で失敗した。その代わり冬は着れるわけだ。

夜、日誌を認めケルシーへの手紙を書く。いよいよ出発は明日になった。益々日本から遠ざかる。一人旅なので多少心細い気がする。(第九信終わり)

5 大西洋航路

八月十九日　ニューヨーク出航

外国人登録証明書
（メトロポリタン警察の押印がある）

第十信　ホメリック──一二五〇〇〇頓にて

七時頃伊藤さんに起こされて荷造りする。書籍が増加したので詰めるのに困る。終わる頃九時になる早く行かねばならぬのに尚雑用が多い。宿の主婦さんは少しも手伝ってくれない。今日に限って子供までも何処かへ遣って用事を頼む事すら出来ない。娘さんと主婦は多忙そうに働いている。私は一人で飛び回ってタクシーを雇い手紙の投函等その他の用事をすます。十時頃ドライバーと私でトランクを運びなどする。スパニィッシュは人情が良くないと思う。お別れを告げると娘さんは昨日贈った蒔絵箱にオペラグラスを入れて見せる。ミセス・ヘッドの様に温かみある人間でないので私も冷淡にお別れしてタクシーに乗る。

八月十九日

十一時出帆だから気忙しい。五十九北埠頭まではなかなか遠い。埠頭に着き船に入ると十一時に近いが漸く安心した。船客も少なく見送り人も多くない。客に日本人らしいのがおり話しかけると平井と云う朝鮮の道内務部長だったので話し相手が出来た。

十一時過ぎ船は長い汽笛の唸りを残して出帆する。岸と船の人達は帽子、ハンケチを振る。船は大きく転回して下流へ向かう。人達はいよいよ熱狂するが客観する私には日本を出帆する時と感情は非常に異う。

　船はハドソンを下って左のバッテリープレースの高い建物を右に自由の女神像を見て進む。雨でも落ちそうな空だ。食堂へ行くと可成り広く、六十人位の客があるのみで四分の一にも足らない。ケビン（船室）も大洋丸の室より少し狭いがソフアーが一つ多い。これでは二等で充分だと思う。夜の潮湯は藍色で心地よい。船中の第一の慰安だ。船は陸を次第に遠ざかるが動揺も少なく早く眠る。

二十日——大洋に入る。従って動揺し出す。昼食をしていると心地が悪い。すましてケビンへ帰るとふらふらして吐瀉した。急に元気なく床に入って眠る。夕食には出ない。

二十一日——朝、美味しい日本食を食べている夢を見た。目が醒めると美味しい煮物の臭いがする。それも日本食の香りだ。空腹になると不思議な神経作用がある。ボーイを呼び朝食を運ばせ、終わって眠っていると平井さんが見に来た。午後スモーキングルームに出て見たが心地悪い。紐育の日本食で肥っていたのが痩せた。夕食は少し食べて室へ帰る。

二十二日——波風は荒いが少しは馴れた。食事は少し摂ってリーディングルームへ行くと、日本の海軍へ飛行術を教えに行って来たと云う英国の中尉がいた。粗末な服を着て見すぼらしい。その叔母でロサンゼルスにいると云う婆さんが十二位の娘を連れて娘の自慢話をする。活動の子役で倫敦《ロンドン》へ撮しに行くのだそうな。子供はピンピン飛ぶような女の子で大人の様に見える点もある。婆さんはお茶屋の遣り手婆の様に色々愛想と皮肉を云う。後で中尉が「カメさん」、「マモルモセメルモ」の歌を唱う。なかなか上手だ。

午後、甲板でこの中尉に会ってゲイシャを知っているかと聞くと、東京の色街の名前を数え上げる。美しいのが多いとか。また中尉が名はポラードだとゲイシャガールスに云へば「アイ・ノー・ポマード」と答えたなど云い、芸者通振りを発揮する。見すぼらしい風もなるほど読めた。絞りとられたのだ。叔母が日本を悪く云うのも無理ないと思う。

二十三日 ―― そろそろ動揺も感じない。海の藻が長い列をなして漂う間を飛び魚が光る。エメラルドの玉と水晶が混合して砕ける様な美しい海だ。船尾に立てば船跡は遠く、それを指差すことが出来る。私の隣の食卓にいる仏人と話す。お喋りで判らぬが仲良くなり写真を撮る。平井さんと私とが仏教信者だから俺は仏陀だとその真似などした。

夜、女達ははしゃぎ出した。淋しいので男のスモーキングへ入って来て、ワインを飲み、集まってふざけ散らす。船の中では女は興奮して男に接触したいらしいが、二等にはダンシングルームがないので止むなく喫煙室へ遊びに来るのだ。九時頃から皆でピアノの前に集まり声自慢の女達は唱う。喧しいが仇っぽい女の声は悪くない。凡て外人の女は燃え上がる様に興奮した胸をさらけ出し、相手の心をそそる様に唱う。日本の女の歌は泣くように重く淋しく唱う。日本の女は、楽しかるべき時も感情を露骨にし得ず、心の底には絶えず低調の寂寞が流れているのだ。西洋も日本も子供は雲雀の様に囀るが、青春の頃になれば恋と境遇の重荷にこの淋しい感情の痛手を受ける。日本の女はこれを悲しみ、西洋の女は益々エキサイトして男を呼ぶべく高囀をする様に思われる。日本の女からこの心底に潜む淋しさを取り去り、心からの楽しい人生を与えねばならないと思う。

二十四日――私の母の命日だ。大西洋の真ん中で母の朧気な記憶を呼び起こし、満作の咲き垂れる侘しい故郷の墓地を懐い出す。エリーの経済書を読み、終日母への心手向をした。

二十五日――鱶《フカ》の群が船の行くに驚いて跳ねる。終日平凡に過ぎ濃霧の如く雨降る。夜、平井さんと話す。

二十六日――晴れたが変わったこともない。カジフへ行くと云う人と二時間ばかり話す。後、紐育の商人に米国の感じを聞かれ「金ばかりだ」と答えると変な顔をした。平井さんと話しビール飲む。夜、女達はオールドラングザインを唱う。（「オールドラングザイン」は蛍の光の調子でお別れの歌です。）

（第十信終わり）

6 倫敦《ロンドン》

八月二十七日　ロンドン着

ロンドン下宿前にて（左から二番目著者）

第十一信　倫敦《ロンドン》にて

八月二十七日

　早朝、仏国シェルブールに寄港して仏国行きの客を下ろすとのことで早く朝食して甲板に出る。コタンタン半島の岬が見えてよく茂った樹木の間に小さな畑がある。鷗は鳴きながら船尾で舞い船を歓迎する。大きな防波堤のある沖に船が停まると朝風は陸から冷ややかに吹き、もう大陸は秋に近づいたことを思わせた。

　汽艇が船に近づくと迎えの人達はこの船の客との間に挨拶を交わす。仏国の女達は慎ましく装って美しい。降りる客、乗る客の雑踏があって汽艇は陸へ別れ去る。仏国行きの女達は、この船上に残ったダンシングパーティーに名残惜しんで盛んにキスを投げる。気持ちの悪い位に表情の露骨なのもある。汽艇は頓着なく太い髭の船長に操られてこの船から遠ざかった。

　十時、私達の船も北方英国へ走る。平井さんの記念撮影などして遊ぶうち、三時頃アイルオブワイトに近づく。ケビンボーイに心付けをやる。バスボーイは今朝から会う毎にポケットで金を鳴らして心付けの催促をする。これにも渡す。船は島影に入ると、投錨している軍艦や砲台などが見える。ポーツマス軍港を右に見て進む。湾は浅くこの間に掘ったカナール（運河）を曲折して行く。平井さんは半島を見て仏国だと考え馬鹿に英国に近いなど云う。こんな大きな間違いを視察の点に於いてもするだろうと思う。

サウサンプトン埠頭に着くと移民官が来て旅券を検査する。そのノロノロしていること、制服でないために客との区別が付かないことは、英国の国振りを遺憾なく示している。人はなかなか親切だ。四時過ぎに上陸して荷物の検査を受ける。正直に時計が二個あること及び写真機を見せると他の二つのトランクは開けないで通過する。ポーターが速やかに私の荷物を汽車に積む。私も急ぎその後に従う。ために沢村君に電報する暇もない上、荷物のチッキもくれぬ。不安に考えながら一等車に納まる。汽車はロンドンまで停まりもせずに走る。円に近い曲線で囲まれた森が処々に見える。畑も牧場も、日本に似た茅葺きの農家も皆ミレーの絵に見る様に美しい。崖は石灰岩で白く萩の様な花が咲いていた。

花畑が処々に見えて家は次第に多くなるともう倫敦の郊外らしい。低い家並み、細い煙突と赤煉瓦の建物が多い煤けた街になるとウォータールーの駅だ。ポーターに荷物を運ばせ、パッケージを持って来させる。タクシーに乗り夕方の倫敦の中央を走る。自動車は相当に少ないので道行く人達は私を見る。多少田舎の様な気がする。薄暮、沢村君の下宿に着く。空室もあり都合よい。松崎、森沢の両君も同じ宿におり賑やかだ。晩食をして色々話し私の室へ行く。大きな鏡が幾つもあり、押入の壁画が美しい中にダブルベッドがあり、炉も洗面所もある。洗面の設備は古風で不便だが面白い心地よい室だ。アパートメントの豚小屋の様な処からこの室へ入ったので殊に気持ちよい。家の後ろはマスウエル森、公園で静かだが時々この地下を通る地下線の震動がある。倫敦は秋で寒い。羽根布団が厚く日本へ帰ればこんな室が欲しいと思う。

第十二信

八月二十八日

八時頃、女中さんがノックして湯を置いて行く。これと室にある水を瀬戸物の鉢に入れ顔を洗う。九時半朝食して、森沢君の案内で領事館へ行く。御前の手紙一通及び文部省よりの通知を受け取り、後、バンク街と云う銀行ばかりの町——世界の金庫——で英蘭銀行、株式取引所などを見てブリティッシュミュージアムへ行く。領事の証明でこの博物館へ入る許可証を貰う。約二時間ばかりエジプト、ローマ、ギリシャ等の彫刻物を見る。ギリシャのものは殊に立派なのがある。凡て裸体が多いが帝展の様に偏狭ではない。歴史及び美術に関する詳しい知識がないのが残念だ。二階の考古学参考室を見て残りは他日に譲り帰る。ロンドンの電車は二階がある。地下線は紐育の如く完備していないが通風はよい。然も、可成り深い地下にあるためにリフトで上下する。町の建物は凡て煤けて五階位だ。紐育の様に住宅は七階位、事務所は三十階位とは異なる。街も東京の様に不規則で、紐育の様に近代的でない。古い処に価値がある町だ。夜、手紙など書く。

二十九日

お昼前から一人で地図を頼りにストランド街からテムズエムバンクメント（テムズ河岸通り）へ行く。思ったより狭い川に小さい汽船があり、ハドソン川の様に五万トンの汽船が上流へ遡るなど思いもよらない。河岸の通りも紐育のリヴァーサイドの様に美しくない。歩いて倫敦の台所、東京の魚河岸の様な馬糞で臭い町を通りロンドン橋を見、さらに下流の著名なタワーブリッヂへ行く。と、古い建物の前に赤い服の番兵が例の黒い毛帽子を被り厳しく立っている。人達は皆中へ入る。私もこれに従って観覧切符を求めるとこれが著名なロンドン塔だ。

ロンドン塔は八百五十年程前にノルマンが英国を征服した時、ウイリアム征服王によって築かれたのだが、その後歴代の王により増築されて宮殿にもなり、牢獄にもなりした歴史を持っている。百年ほど前に兵営にされ一部は公衆に開放されたが今でも兵営がある。この城は日本の古い城の様に堀を囲してあったが今は陸になっている。一番古いホワイトタワーへ入る。昔からの武器が陳列されて、石玉を弾丸にした大砲もある。日本政府がキッチナー元帥に送った備前の政光と云う刀もあるが「マサムツ」と書いてある。小さい一部屋には囚人が壁に彫んだ字、絵、名前が残っているが硝子で保護してある。三百年ほど前の首切道具もある。金太郎の斧の様なもので木の台の上に載せた首を切ったのだ、その残忍さがしのばれる。ここを出ると幾多の王侯が殺された場所を見て、ボーチャンプ及びブラッディタワーと云う穴の様な塔に入る。囚人の彫んだ壁は凡て保護してある。囚人にはトマス・クロムウェル及びエリザベス皇太子妃、エドワード五世等の著名な人が多く、その骨の一部はホワイトタワーの段の中から発見されたと云う。この塔に消えた人々の御霊は、今この城壁にからむツタの様に人々の胸に、またこの塔にからんでいると思う。次にクラウンゼウエールズの塔へ入る。歴代の王の戴冠式に用いた用具（王冠、杖、塩皿、等）がある。皆、金と宝石の燦然たるものだ。ザスターオブアフリカと云う三百九カラット及び五百十六カラットある世界第二及び第一の金剛石《ダイヤモンド》、ビクトリア及びメリー女皇の指輪、ガーター勲章等がある。実に金、宝石の庫と云ってよい。この宝と先に見た残忍と思い比べて、益々ロマンチックな感に打たれる。此処でも歴史の知識のないのを残念に思う。

　タワーブリッヂを見て帰路をとる。モウーアゲートより電車にて帰った。夜は森沢君と話す。

三十日

　森沢君と連れ立ちトテンハムコートまで地下線で行き別れて大使館へ行く。雨降る。手紙（御前及び見）及び写真を受け取り間もなく開いて見る。外人のボーイは不思議そうに見る。写真はよく出来ているが凡てヤボッタイ様に見える。（著者紹介の写真参照）私の傾斜しているのと御前の足袋は珍に見える。私の服も馬鹿げた形だし、二人とも少し美男、美女になっている？　と思う。他へ行く都合だったが雨の中をいそぎ宿に帰ってヂット写真を見て、甲良町のより若く見えるのを面白く思った。夜、森沢君等と話し、写真をプリントした。雨だから寒い。

三十一日

　正午頃から沢村、松崎さんと連れ立って常磐と云う日本料理屋へ行く。安価だ。雨降る。キングスウィーの書店にて目録を貰う。平井さんと偶然出会う。広いロンドンで不思議に会ったと言って笑う。夕刻帰る。倫敦のピカデリーには下等の女が群をなして客を探すこと、日本人は持てている等と聞かされ沢村、松崎等の人達は数回笑味したらしいことを云う。危ない町だ。夜、日誌書く。

九月一日

　午前、下宿の前で森沢、沢村、松崎、私と四人の写真を撮る。（本章扉写真参照）明日森沢君がスウェーデンへ出発するので記念の為だ。午後、ウエストミンスターアベー（寺院）及び国会議事堂を見に行く。テムズ川の岸にあって尖塔の多い煤けた建物だ。写真など写してぶらぶらしていると帽子のない男がアベーの説明をして案内すると云う。従って寺院へ入る。歴代の王様及び偉人の像が多く並べてある。

煤けて闇い。七、八世紀頃に建てられたと歴史書にある。男は突然「お前は十日間此処に停りたいか、見るには十日かかる」と云うので外へ出ようと云うと、裏手の淋しい処へ連れ出し「全く閑だ仕事がない。金もない」と強請り出す。一志《シリング》（四十五銭）やると喜んで私を置き去りにする。強請りまで紳士的な英国と、ホールドアップになる殺伐な米国とは二つの国情の対照だ。英国では今戦後の不景気のため四百万人の失業労働者がいる。これに反し、米国では景気よく炭鉱夫とレールロードシジョブマン（鉄道従業員）とが罷業して一ヶ月半も続く位に労働者の鼻息は荒い。成金国の米国からこの地へ来ては凡て貧弱に見える。特に労働者の服装は悪く、痩せていること、及び婦人男子共に指輪の少ないこと、建物は小さく設備も悪く、自動車も少なく、代わりに馬糞の臭う込み入った街であること、その他凡ての点に於いて相当な差異がある。近代的な都市として紐育は完備したものだと今さら感心した。

帰るさい、セントジェームズパークからトラファルガースクエアに出てピカデリーサーカス（東京の浅草）へ行く。宝石屋が多く、美しく着飾った女達が歩く。日本人で外人の女と腕組んで得意なのもいる。オクスフォード街で道を失い行き戻りして夕方帰る。倫敦は北だから今でも七時半頃闇くなる。

二日――朝、バスをとれと主婦さんに奨められ入る。湯も少なく下から運ぶので不便だ。十時森沢君を見送りにセント・パンクラス駅へ行き、田中と云う文部研究員とそのワイフに紹介された。チルブルグまで汽車で行き、フエリーボートでテムスリヴァーの中央にいる汽船へ行く。千トン位の小さいものだ。面白い帆船が雨の川を上下する。三人のスウェーデン行きの人達は雨にぬれて私達と別れた。帰路は石灰岩の崖、蔬菜園などを見ながら一時間ほどでフェンチャーチ駅に着き常磐で天丼を食べた。

三日――毎日雨が降り、降らなければ曇っているのに今日は小春の様な生温い日が射し切れ切れの白い雲が流れる。午後沢村君と共に郊外のキューロイヤルボタニックガーデンへ行く。汽車で一時間ばかり走るとテムズの上流に跨って美しい植物園があり、例の丸い形の茂みと芝生は心地よい。多くの人達も散策している。森の中を歩むと落葉の腐食した香りがする。小春日和に東京の郊外の森を逍遥した時の頃を懐い出す。池、温室は所々にあり、白鳥が浮く池の面へ樹木の枝が低く垂れた景色は優美だ。御茶所で茶を喫しテムズの川辺に出る。魚釣る人も対岸の森も水の面に影を落として動かない位い水は静かで、釣人の舟は化石の様に水に彫り込まれて静寂を添えている。米国の荒涼と混雑に比べると英国の景色は静かそのものだ。五時頃、帰路に就き、オクスフォード街の支那料理を食べビールで心地よくなる。ピカデリーの夜を見る。厚化粧に毛皮のショールに外套を着た女達は二人連れで歩く。道行く男を見て目玉を動かしたり頬笑んだりする。昼の街では化粧した女を見ないが、此処では不思議と多い。ピカデリーはこんな人達を多数混ぜた人の流れで取り巻かれている。十時頃帰る。

四日――午前は読書。夕食後ピカデリーの寄席へ行く。噺家の出てくるもの、歌女が小鳥の様に囀ったり、滑稽な芝居もあるがつまらないものだ。女のシンガーが出てくると方々からその名前を呼ぶ。日本の芝居にある様に贔屓する者が多い。シンガーは花輪を貰って再三礼をした。十一時、帰路ピカデリーを周る。例の女達の中には「コンバンハ」と声を掛ける者もおり、この街への日本人の発展が忍ばれる。十二時帰宿。

五日――午前、媾話が出る。沢村君、松崎君は共に私と境遇が同じ。沢村君はワイフに熱愛している証拠までに両親の前で接吻せよと要求されたが、沢村君はその勇気がなくワイフに熱愛を疑われたとの話が出た。沢村君の妻の強い恋着が忍ばれ、恋の盲目であるべきを示す一つのエピソードだと思う。厨川白村（注）と云う人が恋愛の至上を論じたのはこの点に論拠を持っているが凡て至上とは云えない。弊害の多い盲目は理性で圧える必要もあろう。その他の点は盲目であってよいと思う。接吻による証拠を要求されて実行し得ないのは熱愛の度が足りないのだと思える。相互に恋する者はその胸の中を何時でも披いて見せ得る筈だ。

午後、領事館へ手紙見に行く。果たしてあった。七月二十八、九日に書いたものだ。淋しさと恋しさに悩んでいた私の胸も軟いだ。

帰るさいビショプゲート街を歩き道に迷い一時間も彷徨う。トラムカーに乗るとふらふらして胸苦しく酔ったらしい。電車などに酔う様に私は神経過敏になったのか、衰弱したのかと心配した。

（注）厨川白村　前出。「3　マディソン」六月四日注参照。「近代の恋愛観」は一九二二年の発刊。

六日――久し振りで家にいる。昼食から帰るとすぐ四時頃のティーだ。紅茶とかカステラ、マーマレードがある。七時に晩食だ。食べてばかりいるような気がする。

七日から十一日（略）

十二日――十二時から郊外のロタムステッド農事試験場を見に行く。前世紀の中頃に創立したもので、ラウエスと云う化学者が研究を発表して著名になった。セント・パンクラス駅から汽車で一時間程走りハーペンデンと云う処で下車、四町位（約四百三十メートル）で赤煉瓦の建物を発見する。これが農事試験場だ。場員の案内で見回る。化学、土壌、昆虫、病害等で私には僅かしか益はない。四時頃、場員が戸外で茶を飲む、その馳走になり、六時頃倫敦へ帰る。

十三日から十四日（略）十五日から十九日は記載がない。

九月十八日付け房子宛私信（抜粋）

（欄外に――日誌は送らぬ、是非とならば送る――との添え書がある。）

「もう九月十八日になった。御産も近づいてもう入院しているだろうか、或いは御産も終わっているのではないかと考えながらこの手紙を書いている。昨晩、私の頭は冴えて鏡のように明るくなった。この頭に混雑した朧気なる不明な事象が写る様に思われて寝入りは悪かった。今晩御産があったのではないかとも思っている。この手紙が着く頃にはもう無事御産も終わり、長々の苦労を免れて生々している頃でしょう。長らく御前を苦しめてすまなかった。これからも引き続き御前や皆さんに御厄介を懸けることと思う。ただ無事に養育するよう願っている。子供は病魔に襲われ易く死亡率も高い。このや丶がどんな命を受けてきているとしてもせめて私の帰るまで無事であればよいと祈る。過日同宿の松崎君の処へ女児出産の通知があった。私にも不遠その通知がある筈と思うと嬉しい。松崎君と私は父になった気で子供の話などする時もある。

倫敦は朝夕寒い。著名なピカデリー街を散歩すると女達は厚い毛皮の外套を被って行く。この街だけは不景気知らずで人出が多い。日本人も非常に多く、日本食屋もあり、味噌汁もあるので不自由は少ない。暮らしよい町であるうえ、人達は皆親切だから日本にいる心地がする。日本の女もこのピカデリーの散歩で見る。黄色い顔で短い体をのろのろ運んで行くのは、私達から見ても寒々しく思われる。私達の下宿の隣家へ近々日本から沢村君をたよりにN高師の女先生が来る。黄色い顔を見せるのも遠くない。この女先生は三十余の独身者だそうで、この話を聞いた沢村君の妻君は傍焼きを起こして泣いていると手紙に書いて来たそうな。可愛い話だと皆で笑った。

沢村君の処へ送って来る新聞を見ると、英国、米国の状態が小説や記事によく出ている。倫敦を中心とする小説があって色々書いてある。多分御前も読んだでしょうがこんな者は決して倫敦にいないから御心配は要りません。ただ結婚適齢の女が男子の二十倍もある倫敦ではぶらぶらしている外人の女が極めて多く、結婚するにも男がいない有様です。戦争は思わぬ方面に悪影響を残して社会のあらゆる面で従前と異なる変革をもたらしている。倫敦では女尊男卑は絶対に失われつつある。紐育よりももっと極端です。女達は日本の女達の様に家庭の仕事に熱中している。電車等で観察すると日本の女の様に謙譲と淑やかさを持っており、米国女の様に跳ね返りや中性的女子はいない。断髪も、男装も殆ど見ません。服装の点でも寒いから肌脱ぎは見ないし、皆長いコートを着て落ち着いて見える。日本の模様着物は何処のショーウインドウにもあるが皆内地にある様な美しいものではない。又黄褐色した着物がありその模様、形、色等は南洋の野蛮人を真似たのがある。私は文明人の嗜好として余りにも理性が失われていると見ている。米国女が厚化粧しているのに比べ、倫敦では化粧した女はいか物女で普通の人達は素顔でいる。これはこの国の女達を尊く思わせます。

　英国では、日本人は同等以上の待遇を受ける。そのため会社員などは女から結婚を申し込まれて一家を造っている者が多い。（以下略）」

二十日

　お昼頃から沢村君と二人で郊外の散歩に出掛ける。ウォータールー駅から一時間ばかり走るともうテムズ川の上流に出た。スケンズ駅で下車して河岸へ出る。緑色に澄む流れの静かな川に沿って風流な家並みが続く。河見亭堤防楼とでも訳すべきレヴービューコッテージ又はバンクハット等の名を付けた別墅が続く。渡しの船頭は私達を勧誘に来る。渡賃は六片《ペンス》だのに暇なことだと思いながら乗る。河水に棹して色褪んとする橡の樹の陰を行く。対岸へ上がり河に沿って行くと美しいホテルがある。ランチをとる。多摩川の料亭にいる心地がする。一室には佗び住む人らしいのが針仕事をしている。静かな田舎にふさわしい長閑さだ。

　遠足の心組で歩くとなかなか疲れる。道傍にアップルが美しい色を見せている。別墅が処々にある。平坦な芝生のコンモン（小公園）にクリケットする子もいる。ドライブの自動車がしきりに過ぎて行く。町へ買い物に出る主婦さんの自転車が羨ましい位、歩く者は私達だけだ。

時には大きな旧式の家がある。前世紀の終わり頃に滅びた大地主の家であろうか。マグナチャター島と云う細長いテムズ川の島を右に見て道は川と共に迂回する。この島は皇帝が革命党に追われて遂にこの島で人民の要求を容れた。この要求は大憲章と云う今の憲法の濫觴をなしたものだ。

この辺りは都を逃れて平和に暮らす人の家がある。川にはボートも多く、白鳥が此処かしこに、舟遊びの人達も楽しそうに見える。道は川と分かれて牧場の中を行く。古い型の家がある。よく手入れした果樹園を見出し番人に縦覧を乞うと、これはウインブルパレスの園で許されなかった。このパレスの庭の側を行き小高い橋を渡ると広い宮殿の庭、河岸のテラスがよく展望できる。見渡す限りは牛と羊が群をなす牧場と小麦の収穫跡地で秋らしく万象は豊満な色彩をし、野バラの実は秋だ。この景色に溺れながら夫婦連れが散歩している。凡て絵の様に見える。美しい妻と楽しそうに話して行く彼等の幸福が羨ましい。

とある農夫の家へ行き許しを得て写真を撮る。田舎の家は余り美しくないが壁にからむ蔦の紅葉は実に鮮やかで美しい。この付近で労働者などの写真をとり付近の駅から帰る。八時倫敦に着き、常盤で日本食を食べる。少量のビールで酔い苦しいので暫時休み、十時頃家に着く。

二十一日――正金銀行へ行きシカゴ第一銀行宛の送金取り寄せ依頼し、洋服を注文する。最上等で百円余だ。安い。米国で馬鹿なものを造ったと思う。

二十二日――朝、九時頃に朝食だ。毎日の様にオートミールとベーコン、卵又は鰯、鱈のフライを食べる。一時頃付近のレストランへ行く。パン、シチュー、茶を食べて帰るとすぐ四時になる。下女が「ティー・プリーズ」と呼びに来る。カステラ、ブレッド、ジャム又はマーマレードにお茶を呑む。七時半になるとディナーだ。先ずスープが出て次にビーンズ、ローストビーフ、ポテトの一皿が終わると、フルーツサラダが出る。終わって果物を食べる。夜は散歩に出ない時は書物を見る。

この様にして同じ日課が過ぎて行く。食事は美味しくないが嫌だとは思わなくなった。紐育でのように又不味い食事かとうんざりすることはない。時々支那料理や日本食屋へ行く。二円五十銭位かかる。

電車でも乗合自動車でも何かある毎に「キュー、キュー」と云う。これは「サンキュー」のサンが低いためにキューとしか聞こえないのだ。始めは滑稽に思ったがもう私もキューの連発をやる様になった。又路で鉢合わせになるなどすればソレルと云う。「お気の毒様」に当たる。同様の言は他にもあるがソレルは都会風で上品な語らしい。雑踏する車の中、人通りの多い町では絶えずソレルを用意して歩く。相互にソレルと云って分かれる。これ等のことで如何に礼儀正しい国民かは想像に難くない。

注文した洋服が三十日頃出来てきた。色が少し浅すぎたが上等なので十年も大丈夫だろうと思う。スタイルは紐育のスマートなのには及ばない。この服を着てリッチモンドパークへ遊びに行った。広い野原と云うだけで平凡だがその広いことは驚く位だ。夕景、小雨がして暗いが友人達と私との写真を撮った。

こうして平凡に十日になる。お産頃だろうと考えながら、又毎日電報はと待ち暮らしたが来ない。安産したから通知がないのだと善意に解釈して不安を治めている。

（注）　十月二日まで記載がない。

十月二日――今日は沢村、松崎君と三人で中部地方の産業組合視察に行く日だ。早起きして九時、リバプール駅から東方行きの汽車に乗る。濃霧の立ちこめた様に烟が街道に潜んで騒音はこの内から起こる。工場の様な倫敦を後に一時間も走ると丘陵の牧場に出る。丸い樹形の柏、楡が緩い傾斜地に点々と置かれローンの美しさに調和して公園の様だ。塵の都を離れて穏やかに烟をあげているビラもある。牛、緬羊の群が驚いて逃げるのも面白い。二時間程でハリッジ市に近い海岸の町イプスウィッチに着く。ファマーズコオポレーティブアソシエーション（農業者協同組合）へ行くと事務員が種子の検査を説明する。検査規則に添って行われるがその方法は目新しくもない。広い家畜市場の囲いを見ながら家畜の飼料を造るミル工場（製粉工場）へ行く。傴《せむし》の親方が案内してモーターまで説明する。少々馬鹿馬鹿しい心地だ。次いでこの町の誇りらしいドックを見せる。二、三の旧式な帆船がいるのみだ。二時頃組合の理事がタクシーで来て種子精製工場へ導く。四階の大きい建物で新式のセパレーターが数台あってよく種子を精製している。主としてベルギーへ売る。日本にも欲しいなら送ろうと理事は話し、先達も日本人が来たがと云いながら署名書を調べ見出したが錫倫《セイロン》人だった。外人には印度の多少黒すぎるのも日本人の黄色いのも同じに見えるらしい。

三時半停車場で理事に別れ、松崎君はロンドンへ私と沢村君はピートロボラウ（ピーターバラ？）へ向かう。この町に着くと三時間ばかり次の汽車を待つ間に町を歩く。ピートロボラウカテドラルと云う寺院の外何もない淋しい町だ。夜食して場末へ出る。小さいゴチャした縁日の屋台式の遊園地があってその側に馬車、自動車、汽車の上に立てた小さい家が一十数軒あり金ピカで仏壇の如く見えるのもある。これは見世物をやる人達の家で時々隊をなして移動し得る。一所不住の一族の家だ。この隊をキャラバンと云い人達をジプシーと称して軽視されている階級だそうな。夕暮の場末は車が忙しく通って散歩の人達も多い。ジプシーガールズは二、三人連れで出て来る。美しいのもいるが多くは濁った瞳をしている。妙な顔で私達を目送する。とある男はガールを捕らえて話し込み女はしなを作って見せる。ガールズの内職は夕暮れから始まるらしい。

八時頃、メルトンモーブレーへ向けて汽車が出た。寒駅の燈しは眠たげに揺れて人影のない幾つかの駅を過ぎた。夜行列車の淋しさは日本と同じ。信州の台地を走っている感がある。十時過ぎメルトンモーブレーに下車した。闇の中で町は何処か判らない。通りかかりの人が親切にホテルまで導いてくれる。騎士、ハンターの絵の多い室へ通されて、晩食を命じて十二時頃眠る。

三日——八時にノックされて起きる。九時頃外に出て目的の家畜市場へ行く。田舎町を羊の群、牛の群を追って行く。縄をつけない牛なので恐い。屋台店の並んだ町から市場へは近い。もう囲いの中には緬羊、牛が充たされている。支配人に刺（名刺）を通じてそのワイフが案内する。競売の人が高い所で価格を呼ぶ。その早口なことは日本も同じ。牛は一頭ずつ重さを量られていた。豚、仔牛、鶏も可成りある。次々と群で又は荷車に積んで家畜が運ばれる。田舎の若い妻君が夫と二人で馬車を走らせ家畜を運ぶのも多い。売上げを飲まれてはかなわぬとでも思ってか、田舎の娘さんも婆さんもこの賑やかな景色を見に来ていた。十二時近く停車場で中食して町を歩く。靴、自転車、女の着物等の屋台店を覗く。農夫達の売上げを絞る仕組みだ。市は日本も同じ奸商の食い物になっている。
一時頃支配人が案内してくれる。雑種の羊の説明をする。頭の黒いのとリンカーン羊との話をしていると横合いから農夫が「お前が白人と結婚して出来た子の様だ」と茶化す。多少癪だ。支配人はクリーマリー工場（バター、チーズ工場）へ導き工場の女技師は金縁眼鏡を光らせ早口に説明して食べてみよと云う。褒めると喜ぶ。黴臭い貯蔵室を出て、四時半、ノーザンレールロードから倫敦へ向けて帰る。ノーサンプトンで六時の急行に乗換え、七時半ユーストンへ下車した。疲れ休みに支那料理へ行く。目抜きの大通りにある立派なものだ。ビールの軽い酔いで街を歩く。円舎娘を見慣れて来た目には倫敦の女達は美しく見えた。ピカデリー街は白昼の様に明るい。旅からロンドンへ来ると家に帰った様に落ち着く。淋しい下宿だがホテルよりも平和に眠る。

四日――朝、静かに雨降る。午後三時再び旅に出る用意して五時近くパディントン駅から西北へ走る。サットン種子屋の花壇は美しい花毛氈が敷かれていた。汽車はオックスフォード州の古く開けた農村を行く。何処も同じ牧場であるが藁屋根の二階造りの旧式な農家が見える。屋根裏の室は日本の養蚕地方の構造に似ている。前世紀の中頃にこの州に猛烈な小作と地主の衝突があった。その頃は丁度日本の現状の様に行き詰まった農業であったらしい。スウィングリオートが蜂起して牧草の束を焼き地主の家を焼いた当時の騒々しい状態を想像して見る。

丘は平和に眠る。緬羊の群は幾度か車窓を過ぎる。農舎の周りには今も尚乾草のストックがつまれ、炊烟《すいえん》は雨を含んで重く流れる。この平和な景色に昔の名残もない。高い尖塔の多く見える町に着くまでは急行であった。この町はオックスフォードで大学がある。男女の学生らしいのがどやどや乗り込むと汽車は出た。小さい田舎の駅までも停車して行く。八時半頃ペルシャワに着きタクシーで二哩ばかり離れた同名の町のホテルに着き、広い室へ沢村君と二人で入る。気持ちよい婆さんの給仕で夜食しスモーキング室へ行って見たが三、四人の客がいるのみだ。広いダンシングルームもあるが土曜日にこの町のダンスがあると掲示されてガランとしていた。十時頃寝室へ帰るさい、飾物に日本の銚子二、盃五が飾ってあるのを見て珍しく思う。銚子には「甲え」と朱でかいてあった。

五日　産業組合で経営している果物市場の競売を見る。梨、林檎、子持甘藍《メキャベツ》等が競られる。極めて安い、皆、柳の籠に入れた一定量で売られる。この籠は組合で作り農夫に貸すのだと云う。僅かのバター、卵、兎等もあった。私が写真を撮ると田舎の若者が「さあ撮ってくれ」とばかり力んで見せる。娘達はこれを見て笑う。後、支配人の案内で籠を造る小屋、倉庫等を見、一時半の汽車でウオーセスターに二時に着き乗換えて五時頃バーミンガムに着く。烟《けむり》でいやな町だ。ミッドランドホテルと云う駅前の可成り大きい宿へ入る。室をとって町を散歩すると人通りが多い。ロンドンに比べ服装も田舎らしく見える。古本など見歩く内に雨が沛然として襲い帽子から雨滴が流れた。ホテルへ帰り晩食をとる。仏蘭西式でメニューは少しも判らぬが美しい娘が給仕してくれる。近頃にないご馳走で充分満腹した。暫くスモーキングにいて後ベッドルームに帰りバスに入る。疲れを癒やして十二時頃まで二人で話す。

六日――九時頃起き十一時ホテルを出て生乳販売組合へ行く。途中、貧民窟を通る。じめじめして臭い。肉屋の前には豚、牛の頭の皮を剥いだのを吊して売っている。恐い。戦争中は鉄工業で栄えたこの町も戦後の不景気で労働者は仕事もなくぶらぶらしているのが多い。これ等の家族はぼろぼろの着物を着て乞食の子位にしか見えない。風呂敷の様なもの、毛布など被って歩く憐れな女も見た。この町の近くで組合を見出して入ると支配人は親切に説明した。生乳の殺菌する設備を見た後いろいろ組合の説明を聞いて益する処多かった。帰るさいバター、チーズ一包を貰って三時半の急行汽車でロンドンへ帰り七時半過ぎユーストン駅に下車して日本食屋へ行った。下宿へ帰ると新聞及び御前からの手紙があって嬉しかった。子供の位置が悪いとのことで不安は加わった。（第十二信終わり）

（以下七日から三十日の日記はない。）

付　十月十五日手紙（房子宛倫敦にて清作）

九月十三日出の御手紙を拝見した。御産のための気苦労のみならずお医者に診て貰うので忙しい日を送っているのが忍ばれた。考えていたよりも御産は遅れたらしいので、もし最も遅れたとして計算すれば丁度八日頃に御産を終わったのではないかとも思う。下宿を同じくしている松崎君の妻君の御産も可成り難産だったとのことです。若い内は御産も軽いが老いると重い相だから御前も同様ではないかと恐れる。毎日、電報！　と恐ろしいものを待つ様に思っていたが遂に来なくて安心した。紐育で書いた手紙の通り実行したのだとすれば、苦しい御産であったにもせよ兎に角母子共に無事でいるのだと大いに安心出来る。初めて御祝いの言を捧げ長々の御苦労を感謝します。

遠く離れていることは実に頼りないものです。若し御産が不幸に終わったとしても私には何とも出来ない程遠い異国にいるではありませんか。思えば私達の生活は恐ろしい危機に瀕していたのでした。今、幾ばく天に感謝しても尽きない思いです。時には以上の不幸を想像して私が帰朝する頃空しい墓石が私を待つ金目を訪れるようでもなればと考えると、今更お別れした時は冷ややかに過ぎたことを後悔して気が滅入るのでした。こんな時に賑やかな街へ憂さを遣ると、此処にも旅人の淋しさが待っているではありませんか。でも今では一つの瀬を越えて一安心出来ます。

今後は子供のためにも相互に無事である様心懸けましょう。幸いに私は至極無事で今の処病気なぞし相にありません。外国の都市は衛生的に出来ているので病気になることも日本より少ないのです。

大塚は淋しくなくてよい様なことを書いてあったが大塚は子供も多いし手狭い。そんな処へ子守と三人で厄介になるなどは到底出来る筈がない。姉さんは御前が可愛いので居れと奨められるかも知れないが、それを正面からのみ解釈することは兄さんに対しても出来ないと思う。暫く厄介になった後金目へお帰りなさい。金目でお客様の様に取り扱われるというのは御前に足らぬ処があるのだ。生まれた家だものお客様になる筈がないと思う。金目で子守が欲しいなら置くがよい。子守と云っても生まれたての赤坊を負うことは出来まい。洗い物だって当分は大してないだろうと思う。それ位のことは自分で働く方が体のためにもよい。仕事なしにフラフラしているのは凡ての点に於いて弱点を多くするのみで何等益するところは無いでしょう。貧乏生活も修養になる。私達は先ず貧乏人として堪えうる修養と心掛けが必要でしょう。子供も成長してやんちゃを起こすようになれば子守も無論いるでしょうが、子守は親よりも悪いことは事実だから出来るならば省く方がよい。何か多忙しい仕事であっても子供の世話も充分出来ぬと云う人には初めて子守が必要になる。又、若し東京にいて何か習いたいとか勉強して見たいので、大塚の厄介にもなり、子守にや、を託して勉強に行くのならば私の考えも従って異なって来る。

私は日本の所謂教養ある女達が小説と雑誌の読書力あるのみでは誠に心細いと常に考えていたが、外国に来て女の知識は時に男に優っており読書力も男に劣らぬのを見て益々その感を深くした。何処か勉強に行くか又は何か手芸を習うには幾ら金と時間を費やしても惜しみません。これには御前の強い決心と努力が必要だし、私が鞭つて強いても何にもならぬと思うから選び様に任すこととする。但し、その心懸けだけは何れにもせよ御願いする。先達の手紙には当分不可能であろうと書いたが決心と努力によっては出来ぬこともあるまいと思うし、子守等を置くと云うのもこの考えでないかとも思うので、一寸私の考えを書いた。先達の手紙には唯だ大塚にいて子守を置くとのみで外には何とも書いてなかったが、大塚でフラフラしているために子守を置くなどは賛成出来ません。私は費用の点よりも大塚へ対しての厄介と、それは御前のためにもよくないから反対するのです。

十三日に「子供たちへのセキスピア（シェークスピア）」と云う比較的易い英文のセキスピア抄と日誌を金目宛送った。手元へ転送してお貰いなさい。

英国では今落ち葉がカサカサ鳴り、秋風が吹いている。とガスの深いロンドンの街灯は暖かい光を投げているが実は朝夕寒い。少し馴れたので東京にいるのと何も変わらない心地です。当分は保養を怠っては悪い。静かに心身の恢復を計って下さい。や、と二人で御大切に。

7 伯林《ベルリン》

一九二二年十一月から一九二三年一月 滞在

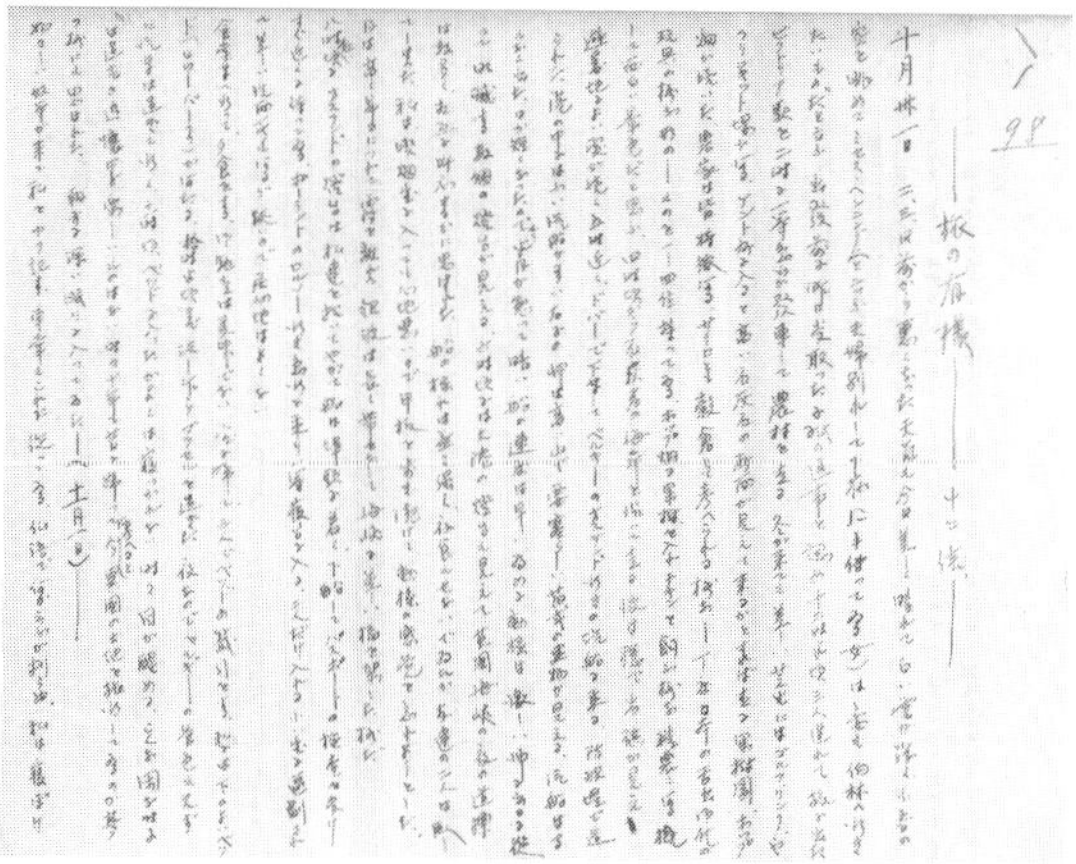

著者が書いた原稿

編者注　十月二十八日房子宛絵葉書（抜粋）によるとドイツ旅行の目的を次のように述べている。

「私はこの三十一日に伯林《ベルリン》へ行ってきます。伯林は海峡を越えて約十八時間で行ける近い処です。独逸ではこの冬内乱が起こるだろうとの風評で、書物を需めることができなくなりはしないかとの心配から今の内に買入れるためです。十一月末には倫敦に帰る予定です。」

第十三信

二、三日前から悪くなった天気も今日美しく晴れて白い雲が浮く小春の空を眺めてミセスヘンニング（夫婦別れして下宿を手伝っている女）は妾も伯林へ行きたいものだと云う。出発前に昨日受け取った手紙の返事を認め十二時半頃沢村、松崎君と私の三人連れで旅に出た。

十月三十一日

ビクトリア駅を二時に一等急行が発車して農村を走る。冬が来ても美しい芝生にはゴルフリンクやクリケット場がある。ケント州に入ると高い石灰石の断面が見えて来て直に果樹園、ホップ畑が続いた。農家は皆特徴あるサイロとも穀倉とも考えられる様な――丁度日本の舌出お化けの玩具の様な形のもの――を一～四位持っている。ホップ畑に果樹を入れチキンを飼う精農もある。面白い景色だと思う。四時頃から石灰石の海岸に沿って走る。波は穏やかで岩礁が見え避暑地によい処が続く。

五時近くドーバーで下車してベルギーのオーステンデ行きの汽船に乗る。防波堤で造られた港の中には小さい汽船が多い。右手の岬は高い山で要塞らしい旧式の建物が見える。汽船は間もなく出た。日が短くなったのでもう半月が懸かって暗い。船の速度が早いため動揺は激しい。沖に出るに従って明滅する数個の燈台が見える。六時頃には大陸の燈台も見えて英国海峡の夜の道標は数多く相互に呼応するかのように思われた。船の揺れは益々強く夜食も摂らずにいたが友達の二人は臥してしまった。私は喫煙室に入っても心地悪いので甲板を歩き続けて動揺の感覚を忘れようとした。月は高く昇るにつれて霧から離れて銀波は長く帯をなして海峡に美しい橋を架した様だ。

八時近い頃オーステンデの燈台は私達を招いて、やがて船は埠頭に着く。下船してパスポートの検査を受けてすぐ近くに待っているポーランドのワルシャワ行きの急行に乗り一等寝台に入る。二人だけ入れる小さい室に区画されて美しい洗面所もあるが狭いので居心地はよくない。

食堂車へ行って夕食を摂る。ご馳走は美味くない。室に帰って三人でベッドの籤引きをする。私には下のよいベッド(ロウワーバース)があたる。十時半頃まで話しながらブリュッセルを過ぎた。夜なのでベルギーの景色も見ずに汽車は過ぎて行く。十一時頃ベッドに入ったがよくは寝付かれない。時々目が醒める。こんな閑な時には過去の追憶ほど楽しいものはない。時々、十年も昔に帰って考えると今、異国の大地を旅行しているのが夢のように思われた。朝方、深い眠りに入っていた。

十一月一日

物々しい奴等が来て私を揺り起こす。車掌もこれに従っている。仏語で何か云うが判らない。私は寝ぼけと意外なのでボンヤリしていると、独語に代えて金を見せろと云う。私は金なぞ誰にでも見られてはよくないと思ってもじもじしていると、奴等は私の洋服からシース（鉛筆などをいれる革の入れ物）を引き出すが金ではないので早口で何か説明する。その内に私も色々聞き合わすと所持金の証明を税関吏がくれるとのことであった。それは現今独逸から他国へ金を持ち出すことは禁じられているのが、この証明を貰えば出来るのだそうな。五十五ポンドを見せると証明書を書きに出て行った。半時間もして持って来る。二シリング半のティップをやる。

起こされてから目も冴えてうとうとしている内に国境を過ぎてドイツへ深く入って行くらしい。七時頃顔を洗うとエッセンに着いた。もうライン河の美しい景色も夜の内に過ぎていたのだ。著名なクルップ鉄工場のあった場所だがステーションは馬鹿に淋しい。駅長らしい人は空色の服に赤い帽子、肩に赤いバンドを斜めに下げて、兵隊さんの号令の様に

「行け（ゲーエン）」と云うと汽車は出る。線路の両側には工場は多いが煙を出しているのは少ない。旺んであった頃ドイツはこの多数の工場を動かしていたのだろうか。その盛んな状態を見れないのは残念だ。郊外には灰色で重苦しい色彩の家並みが続く。後庭には狭い蔬菜園を持っている。野路には昨日あたり降ったらしい雪が霜の様に残って、野には鳥すらも飛んでいない。動くものはいない位沈んだ調子がこの付近を囲んでいる。戦敗国の悲惨が面前を過ぎて行く。林も野も冬枯れて、痩せた松の林も黒い陰を作っていた。

農村へ出るとよく耕された跡も見えて、ビートは収穫を待ちオートはすくすくと芽を出している。小さい村落や離ればなれに建っている農家は皆どっしりとして美しい建物だ。鳥も群れて飛ぶ。嘗て栄えていた農村は今もなお疲弊の跡を見せない。緩い高低の農地は一望限りない小高い畑地の丘をなし、後に暖かそうな村がある。村から出る路にはよく手入れした果樹の並木が続く。並木が赤松の林に入るあたりは白樺の幹のみが色冴えて見える。所々には叢林があって雑木が冬枯れているのもある。平和な景色ではあるが野に立って働く人を見ないのは不思議だ。町へ来ると工場が多いが湯気を出しているのは僅かだ。

午後二時頃、ハノーバー市に着く。工業の盛んな町だ。昼食をとる。一通りの料理が出されるが美味しくない。パンは小さい切れでバターはマーガリンで而も少ない。茶も臭い様なもので角砂糖を一つくれる。如何に物資不足に苦しんでいるかが判る。ポンドで支払うとその相場は一万八千マルクで三人の勘定は二千マルクにならない。三千マルクと云えば一円五十銭だ。煙草も安いがコゲ臭いのみで煙草の葉は僅かしか入っていないらしい。しかし外観は立派に見える。

汽車は小高い山畑を通る。北側に白い雪を残して黒い赤松と卓然とした山もあった。暫くすると遥かに低い山脈が見えて来る。ハルツ山地らしい。ハルツの山にはお化けが住んでいてその辺りの百姓達が怖れたという昔話が思い出される。この温和そうな円い形をした山脈を右に見て走ると、夕景に近くプロシアへ入ったらしい。耕地整理が美しく完成されて、直線の道路は盃状形の果樹並木が植えられてある。根菜類の収穫をする女達は頭巾を被って黒いスカートを着て、冷たそうに蕪の根を切っている。ミレーの「収穫の夕」と云う絵はこのままの服装であった。中欧の農夫の服装らしい。夕陽は紅に空を焼いて沈む。暗い闇を伯林《ベルリン》へ走る。五時半に着く筈の汽車が一時間半も遅れた上、マルクが下落したとて賃金の割増を車掌が集めに来た。七時頃伯林の郊外の駅へ着く。暗くて人気も少ない。山本君がいると云うツォーロギッシエガルテンバーンホーフ（駅）も過ぎてフリードリッヒバーンホーフで下車する。意外に暗く、人達の働くのも気抜けした様に活気がない。これが伯林の中央の駅だろうかと不思議に思った位だ。三人で荷物を運ぶと出口に宿屋の客引きがいて私達を導く。フリードリッヒシュトラセのユンカーホテルに入る。大したものではないが家具は立派だ。一人一日宿賃のみ千七百マルク（八十五銭）だ。気の毒な位に安いが外人税等で二倍になる。

夕食をあり合わせで作って貰い食べる。黒パンに腸詰は肉らしいものが入っていないもので不味い。ビールは淡いが本場だけに美味しい。宿の息子さんは青白く痩せて熱心に読書している。この姉さんらしい十六歳位の可愛い娘はそれでも円く肥って美しい。ピアノの練習に余念ない。この家の主人はドクターで相当な家であったが戦後の不景気でホテルを開業したとの話であった。

私達は九時半頃から散歩して街の景況を見た。この町をかなり行くとウンターデンリンデンと云う四条の並木が植えられた大通りにでる。電燈の数も少なく暗いが立派な通りだ。フリードリッヒはこの町を越えてなお向こうまで続く。電灯も他より多く人通りも多い。女達は可哀相に薄い外套を着て歩く。早足でなくて元気ない。毛皮の外套を着ているのは数えるほどしかいない。町の角、辻には見すぼらしい新聞売子、帽子を出してお辞儀する老人もあり、食品屋の戸の前に立って覗き込むひもじい女もいる。絵を売る店には裸女のが極めて多い。それも名画にある様な上品なものでなくて極端なのも見えた。とあるレストランへ入って茶を飲む。立派な室は客で充満している。中央に可成り広い踊り場があってバンドに合わせて若い男女達が踊っている。酒を飲んで紅になり煙草を吹く女もいた。

全く陽気だ。この沈鬱な伯林の空気の中にこんな楽園があろうとは考えても見なかった。

ホテルに帰る。私達のベッドは厚い羽根布団を敷いて、巾の狭いのを一枚着る。この狭いのは羽根で軽くよく体を包んで非常に暖かいので心地よく眠る。

二日――十時頃から警察へ届けを出すために行く。恐ろしく威張る査公は私達日本人を後回しにする。用事が終わって五十マルク（二銭五厘）遣ると馬鹿に親切になる。私達は可哀相やら可笑しいやらで笑った。書籍屋へ行き数冊立派なのを需めると一万三千マルク（六円五十銭）で日本の一冊、英国の半冊と同じなので驚く。タクシーで宿へ帰り昼食して、夕景から橋本博士を訪れるためフェルベリーナプラッツへ行く途中地下線を乗り誤り、ツォーロギッシェガルテンバーンホーフに出る。引き返して、乗換場で再び乗り込むとまた同じ駅へ着く、切符売りの駅夫もこの田舎者振りを見て大笑いしていた。三度目に正しく乗って目的の駅で下車して付近を見ると、丁度紐育のアパルトメントの様に高く美しい建物が並んでいるが町は街灯もなく暗い。

案内を乞うて入ると中も美しいアパルトメントだ。室をノックすると若い美しい女が出て来て留守だ、旅行していると云う。その内叔母のポーランド人だと云う四十歳位の女が来て詳細に話す。仕方がないから近くにいる木村さんの宿へ行く。可愛い娘さん(十六歳位)が出て来てあどけなく話し、今直ぐ来るから待てと云う。客間で待つ。伯林では女の子が馬鹿に美しいなど話して笑っている内に木村さんが来る。色々伯林の書店などを聞いて八時頃地下線で宿へ帰った。途中、宿近くのフリードリッヒパラードレストランへ入って夜食する。人達はビールなど飲んで音楽を聞きぼんやりしている。男が舞台へ出て力の入った重苦しい——知識あるこの国の人達の胸の中を唱う様に思われる——一節を唱い、後ドイツの将来と云う憤慨演説をやる。知識階級のこの悩みと憤りは私にも同情出来た。

三日——九時頃から書物買いにパウルパレーへ行く。よい参考書が多いので多数出させて見る。合計はと聞くと馬鹿に高価で五十円ばかりとられて驚いたが致し方ない。十冊程持ってタクシーで帰り、再びセバーと云う店へ行き買う。案外に安い。夜食にウンターデンリンデンのリンデンレストランと云う家へ行き美味しいご馳走を食べて二千五百マルク（一円二十五銭）、踊りなど見て帰るさいポンドを売ると二万四千だと云う。朝と晩で四千も下落した。この四千で二度もご馳走が食べれるわけだ。十二時近く松崎君が帰って来た。話していると二時頃になった。

四日——十時頃起きる。入浴して後、松崎君が下宿するので見に行く。立派な室二つ。それは日本の百万長者も持っていない様な家具とベッド、卓上電話も備わっている室だ。一日五十銭で安いのに驚く。上品な主婦さんは哀しそうな顔で話す。もとは富裕な家庭であったらしいのに下宿させなければ食べれなくなった。この国の中産階級の悲惨が充分この顔色に窺われた。もとは二十万マルクの蓄えがあれば遊んで食べれた人達も今では日本の百円の価しかない。私達が毎日懐にしている金はこれよりもよほど多いのだ。

今日は週末とのことで計算を貰う。色々の課税を支払って一万二千マルク（五円）だ。広い室に二人でいたのを松崎君がいないので小さいのに移る。美しい室だ。

午後から雪がちらちら降って来て寒い。近くの大きいレストランでミュンヘンのビールを呑みご馳走を食べる。夜、踊り見に行く。半裸の女が跳ねたり、鳥の飛ぶ真似をした後で尻振（スパニシエタンツ）をやる。余り上品なものでないがよく動く尻には感心する。

五日（略）

六、七、八日

六日の夜、松崎君の知人が私達をラインゴールドカジノ階上のカイザーザールで招待するとのことで八時頃行く。実に立派な料理屋で凡ての点に於いて嘗て見た内で最も優っているものだ。カイザーザールは二階になっていて階下は中央に広場を残して食卓が並んでいる。この広場は踊り場で音楽台もある。

私等は二階に座してご馳走と嘗て飲んだことのない様な芳醇なワインでよい心地になる。九時頃から踊りが始まる。来ている客は出て踊る。場所はよいが貧乏人の踊りなので服装は悪い。米国の様に盛装ではないがそれでも色々と光線を変化さすので美しい。陽気だ。この沈んだ調子の町にこういう楽園があるかと驚く。人達のタンツが終わると商売人の踊りだ。双子だと云う見分けがたい姉妹が舞う。活溌で蝶の狂うに似ている。音律に従って早く緩く踊る。日本の「八木節」や「泥鰌掬い」も同一の類だ。これに劇としての印象を加味すれば軽い調子の劇となる（オペレッタ）。能楽、長唄踊り等はこの類であろうか。その後数回素人と玄人の踊りが交互にある。黒人のは軽い調子で若者が燃ゆる恋を乙女に求めると、爪先で歩く乙女は美しいヘムト（肌着）から白い後ろ脚を出して蹴るのもあった。素人踊りには日本人もかなり入って踊っている。今日私達を招待した木村、徳増の二人は美しい踊りの相手を食卓に侍らせて女はきゃっきゃっと云う。女達の頬が酒で紅になる頃は、ザール全体は露骨な恋の楽園だった。様々な嬌態が所々で演ぜられて踊りはいよいよ盛んになり七彩の光はこれを照らして夜は更ける。

カイザーザールは、この帝国が盛んであった頃は一般人の入り込むことの出来ない場所だった。燦爛に着飾った人達で満たされ色々の夜会が行われたであろう。今のザールは、低級な人達か又は外国の為替成金の出入りする場所となった。これ等の人達に連れられた女達はまた低級な賤業婦である。独逸の人達が皆困っているのにこの女達は毎晩ご馳走と酒に飽き、比較的美しい服装をしている。労働者の天下では娼婦が貴族だ。十二時頃私達は自動車で宿に帰る。

七日、ポンドを売ると三万二千マルクで、直ぐ隣で売った私の友達は三万七千だ。大変な差だ。凡て伯林では物の価が区々《まちまち》だ。同じ煙草を五百、三百、二百マルクで求めた位だ。

八日、活動を見に行く。仏国革命の凄い場面をやる。女王が断頭台の露と消える有様などは恐ろしい。今、ドイツは帝政派の勢力が強い。これに対して社会党は色々の圧制を加えている。この写真もその一つと見てよいであろう。観客は静かで一言も発しない。何かが深く心の中に潜むかに見える。そして多少知識ある人達らしいので実に静粛であった。後で簡単な滑稽な芝居が挿まれると女達は声高に笑う。特に英米の人達に比べて著しい。永年の間、不足勝ちで悪い食物を摂り戦場へ行った夫の代わりに働き、而も大多数が肉親の戦死に遭った女達の神経は尖り尽くしてヒステリックになっているのが窺われた。と同時に、一面規律でヒキシメられていたこの国が、緩い社会的な国になったので凡てが自然に赤裸々に真実の路を覆むとも考えられる。

九日――友達が「ベルリンでは日本人も黒くない」と云う。全く青黄色い日本人もさまで目立たぬ位にドイツの人達は青白い。私達は大威張りな理だ。型ばかりの粗食で青くなるのも当然であろう。

十日――雨降る。書籍を需めて帰る。

十一日　今日、英国より御前の手紙を回送して来る。二通の手紙にはお産入院の状況が書いてあり、電報には「四日、女の子が産まれ二人とも無事」とあった。安心し且つ喜んだ。男だって女だって結構であった。電報が倫敦へ来たのは今月の六日で六日間かかったとしても、十月三十日頃にお産したらしいので不思議だ。時には一カ月も遅れることがあるらしいので多分そうだったろうと思う。早産よりもよい。十月の初めに出来ると思って一カ月も待つのは骨折りであったであろう。

十二日　夜、カイザーザールで酒飲む。紗の白衣で肉体美を惜しげなく露わした舞姫を五色の光線が包んで美しい。酒の香と煙草の煙に醸された空気を透して幾つかのシャンデリヤは輝く。オーケストラの音律が変わるに従って人達は踊り狂う。向こうの卓に座った女は瞳を向けて微笑みやがて盃を揚げた。

私達は十二時頃辞して帰る。ドロシュケと云う不格好な馬車が辻々に客を待つ。馬は痩せて、駁者《ぎょしゃ》は老人でぼろ着物を着て駁者台に釘付けられた像の様に動かない。薄暗い角燈の光る片側が朧に明るく、人馬とも項《うなじ》を垂れて静かに寒空の深夜に眠るのを見た。憐な光景だが寧ろ画趣になると思う。

十三日、十四日（略）

十五日　ライプツィヒに旅行するため、正午の汽車でアナハルダー駅を出発する予定でいると橋本さんが突然訪れてきた。中食を共にしている内に三時頃になる。四時半の汽車で出発する。北国の冬は日は短くもう闇い。汽車は雑踏して二等でも居心地が悪い。炭田を過ぎて八時半頃ライプツィヒに着く。広大な駅に驚く。町は暗い。駅近くのホテルに入り夜食し、暫く散歩した後十二時頃眠る。

十六日　十時頃起き、午後町を見る。オペラ、大学等は美しい。凡て五、六階の建物で成り立っている通りの店は美しい。二、三書店を覗きなどし公園に出たが冬枯れて淋しい。夕景六時頃、急行にてドレスデンへ出発した。八時頃着きホテルに入り、後、近くの酒場へ行く。伯林と同じで踊りは旺んだ。日本人が入って行くので人達は珍しそうに眺める。十二時頃ホテルに帰る。

十七日　正午頃から町の見物に出る。雨が降り寒風が吹く。自動車で町を回る。ザクセン王の宮殿やその近くの画堂、オペラ・ハウスを見てエルベ川を渡る。エルベの流れは澄んで洲を覆った芝生は美しい。広い並木道を行くと議会がある。再びエルベ川を渡りその上流へ走る。白樺のみの公園の間に国立病院があり、さらに行くとザクセン王の宮殿がエルベ川に沿った高台に聳えている。この辺には別荘が多く、冬枯れてはいるが美しい景色だ。翌春再び来て美しい景色を見る決心をした。引き返して、広い公園の路を行く。公園の木は小枝が多く曲折して垂れる特殊な樹形をしている。高等学校、同工業などを見て、後、ステーションに帰る。六時半の汽車で伯林へ向かう。混雑して席がない。立っていること一時間半で十時頃伯林に着く。雨降る。タクシーにて帰る。

十八日――夜、橋本、木村さんと私達三人で夜食を共にして色々話す。十二時頃帰る。

十九日――夜、カイザーザールにて過日、馳走になった礼を返す（木村、徳増商学士へ）。大いに飲む。お客連中は各々踊りの美しい相手を側に置いている。お陰で賑やかだ。十二時頃眠る。

二十日――古本屋にてゴルツの経営学ハンドブーフを発見して嬉しい。夜、ウンターデンリンゲンのレストランに入り美味しい馳走を食べる。暴利られて驚き、酔いも醒めた。

十一月十九日付け房子宛私信（抜粋）

「私はこの冬を倫敦のウエストウッド方に暮らし、来春四月頃再び大陸の旅行に出る心組です。伯林では毎日の様に共産主義者のデモンストレーションがあり、各地でパン騒動が起こっている。内閣も瓦解したし不安は日々に加わって行きますが、各レストランを見ると、夜二時頃まで踊りに酒に親しんでいる不景気知らずの一群があります。私達の様な偽物成金はシャンパンを抜き御馳走を食べ一口五十銭位です。生まれて初めての贅沢振りを発揮しています。

書籍も安いが国外へ運びだす手続きが面倒です。毛皮、ピアノ、絵、写真機は日本の四分の一位の値です。その他は一般に安くタクシーは倫敦の電車に乗るのと同じ位です。月七十円位で立派に生活出来ます。

町行く人達は実に哀れな服装のもあり、凡て血色が悪い。永年の食糧不足で栄養不良らしい。軍人の遺族は最も悲惨です。然し嘗ては栄えた国だから建物も室も立派です。学問に芸術に世界に冠としていた大国民だからその内には恢復するだろうと思います。」

二十一、二十二日

日が短い寝坊しているとすぐ夜だ。四時半頃から暗くなる。二十二日に早起きすると共産主義者達の示威運動を見た。大部隊は赤の三角旗を手に手に掲げて静かに行く。多くは背に嚢をかついだ貧乏人らしい。部隊の最後には若い男女の学生らしいのが隊をなして従う。この人達は皆仲良く男女二人宛腕組をしていた。政府は既に社会党の占領する処で共産党とは寧ろ親類関係にあるのでこの種の行列は少しも禁ぜられていない。ポリツアイ（警察）も静かに傍観していた。

二十三日

ブフアウスフユールングスアテレ（書籍持出所？）へ書籍の税を支払いに行く。事務渋滞のため支払い出来ないで帰る。

二十四日――午後二時の汽車で沢村君が倫敦へ帰る。シュレージェシアバーンホーフで見送る。リガから来る急行列車で巴里行きだ。沢村君は重い書籍の荷を寝台車へ載せて車掌に心付けを与えた。帰路アレクサンダープラッツで地下線へ入ろうとすると閉鎖している。今日午後ストライキだと云う。徒歩で帰る。途中巴里発刊のヘラルド紙を需めて見ると、二十日ドレスデンの失業労働者が外人に対する反感のため、外人ホテルを囲み暴行をし又金を強要したとの記事を見た。私達は危ない綱渡りでドレスデンへ旅行していたわけだ。

二十五日――晴れているが寒い風が吹く。古本屋で古本を探し出す様命じた。

二十六日――九時、書物の税を支払いに行く。二十九万マルクだと云う。百円の税金だ。余り多いので小言を云ってみても通じない。その内スプレンゲルと云う兼ねてから税の支払い手続きなどに世話してくれた男が来て、色々と話し込み二十四万マルクに減ぜられる。でもコミッションに二万マルク出せと云う。私の用意した金は二十万位しかないので引き返して両替をして来て、午後二時頃漸く仕事が終わった。原価と税とを計算すると四十冊の本が百八十円位かかったことになり実に馬鹿らしいと思う。沢村君は一週ほど前に私の二倍くらいの書籍で同じ位の税を支払ったのに、一週間の内に税率が三百パーセントに変更されたのだ。而も相場は今日二万七千で沢村君の時は三万二千位だ。この点で私は五十円以上の損害を受けたわけで、もう書物には愛想も尽きた。

二十七日――雪降り寒い。午後松崎君の下宿に行き夜になる。カフェーにて歌を聞く。バルータ三万四千マルク。

二十八日――寒風が吹く。日中は読書する。夜食をカイザーザールで摂るためタクシーで行く。例の如く日本人が多い。商大の金子と云う教授は一ヶ年も続けて此処で踊っているので、踊りは一番上手との風評だ。その他黄色い日本人が多く踊っていた。商学士連中の踊相手はもう私の顔を覚えて遊びに来る。その友達と云う女達も私の卓へ来て酒を飲む。瞼の周りを黒く塗ってお化けの様な凄いのも、唇に臙《べに》を入れて可愛い笑い方をするのもいる。ひっきりなしに懐鏡を出して顔を見る。顔を気にすることは日本の女と変わりない。

踊りが始まるとこれ等が喜んで走り踊りながら手招きする。快活で無邪気だ。何かくすぐる様なことを聞くと、肩を縮めて口を曲げ「イッヒ・ワイス・ニヒト（知らないわ）」と云う。この表情は独逸式らしい。「アゥフ・ヴーイダーゼーエン（また後ほど）」「グーテン・ナハト（お休み）」とお別れして雪の街道をドロシュケで帰る。

二十九日

雨降りで暖かい手袋も要らぬ位だ。大陸の気候は変わり易い。五時頃この通りにあるコミシエ・オーペル（喜歌劇）の切符を需めて七時見に行く。著名なオーペルだと云うのに拙い女達が多く出て踊る。半裸の女が舞台で衣装を付け、後ろの紐を観客に結んで貰うために観覧席へ入り込む。「爪磨き」の踊りで見物人の爪を擦って歩く。高い石段の処で全ての女が美しく首飾って並んで見せたり、又日本の手古舞のように足の拍子をそろえて踊ったりもする。人形を持った二十人ばかりの踊り子が上向きに倒れて足で踊る如何わしいのもある。大体に無邪気で笑わせるのが多い。

終わりにボロボロの衣装を着た女が二十人位暗い露天に倒れている。魔の神が来て彼等を目醒ますと舞台の一方から黒い衣に頭巾の魔の子が出て来てこの女達と踊り狂う。そこへ死の神が現れてこれに触れる者は次々と倒れ、踊りは益々狂乱に近づく。この時後ろの幕が開いて光明と高鳴れる鐘が見える。今まで踊っていた者も、魔及び死神もその光とその音に大地にひれ伏すと云う重苦しいシーンがあった。

独逸の現今の有様と将来の希望をよく表現していると思う。最後に滑稽な音楽隊があり、色々相互に演じて音楽の調子がそろわず遂に闘争になるのがあった。弁士の一人が舞台に出て、熱烈な赤誠の滴るかと思われる様な演説をした。その内容は独逸の現状を痛嘆して一致協力を説くらしかった。独逸の心ある国民が如何なる意気込みでいるかが窺われる。

十一時半帰る。

三十日　独逸で十一月も暮れた。宿の女中がワイナハト（クリスマス）までいかないか、面白いと云う。町を行くと処々の店にワイナハトマルクト（クリスマス大市）と書いてタンネンバウム（樅の木）に白い雪の積もった飾りが出た。日本の歳暮売出しを思い出させる。女中はワイナハトの夜は面白いと独言の様に憧れた瞳をする。

夜、近くのパラスト（フリードリッヒ）（レヴュー劇場）へ行く。カピールマイスター（指揮者）は『君が代』をやる。日本人として私は拍手せざるを得ない。やがて二、三の楽譜を持って曲を聞きに来た。日本のものだが私には判らない。奏いて見ると云う。奏くと五十年も前の「宮様宮様お馬の前に」と云う維新の頃のだ。私は独り拍手してオーバーに六百マルクの心付けを持たせてやる。このことはドイツの人達が如何に生活に困り又私達が如何に成金として遇されているかを物語るものだ。

夜、風邪に冒されたらしく頭痛と歯痛と同時に来て、朝方まで眠れず輾転反側《てんてんはんそく》して苦しい晩であった。

十二月一日　十二時頃まで眠り起きて歯痛の薬を需める。もう歯は痛まない。読書しているともう夜だ。日が短く四時半に暗くなる。オラニエンブルガーシュトラーセ（街）の松崎君を訪れる。二人で散歩して夜食して帰る。

二日 ――午前は読書。午後散歩して毛皮裏付の外套の値を聞く。十ポンドだと云う。遂に需めた。日本では成金かお医者でもなければ着ていないものだが非常に安い。これを着て、松崎君を訪れると松崎君も一つ買うとのことで別の店へ行く。全部ラッコ（シュワルチエセール）裏で九ポンドだ。又安いのに驚く。私のはラッコでないので多少高い気がする。でも日本へ行けば三百円位だろうと云って笑う。お陰で私にはもう十三ポンドしか金がない。倫敦から金を回送して貰うこととした。

夜、小雨降る町を毛皮外套で威張って歩く。今日は雨で少し暖かく暑い位だ。すっかり金持ちに見えるらしく「シュトラーセンメッチエン」が後ろから来てだしぬけに腕組みする。この誘惑の手を避けるのに骨が折れる。でも倫敦の様に日本語で「今晩は」とは云わないが、その数の多いことには驚く。

敗戦、革命、経済上の大変動と続け様に大変革が来た。貴族も富豪も高位高官も大多数は平民に賤民に零落した。これ等の不幸な者達は「街道娘」になったのが多い。貴族、富豪、高位高官の三者は国を誤った業因だとも云えるが、独国のために戦って戦死した人達の遺族は国からの手当も少なく、こんな賤業に陥った者も多いであろう。軍国主義、資本主義、巨頭政治が如何に恐るべきかを痛切に感ずる。十時頃帰る。

三日――今月からカイザーザールの踊りが変わったと云うので見に行く。テーブビーとカフェーウイルマーが拍子合わせて踊る。日本の踊りに似て、目、手先をよく用いる。その他スパニシエの多少上品なのがあり、肉体美をよく表して日本の「豆造」の様に掌に小さい楽器をつけて鳴らす。

四日――コンツァートファターランドへ行く。音楽よりはお茶飲みが主な場所だ。

五～十日――遊んでいるうちに日が飛ぶように過ぎる。お陰で淋しさを感ずる暇がない。食事毎にビーア、ワインを呑むので酒には可成り強くなった。語も日々に上手になり今では日常のことに少しも支障は無い。賠償問題に就いての倫敦会議が不成功に終わるらしいのでマルクは日々に下落して三万七千の前後になる。物価はこれに伴って騰貴する。

町ではワイナハトが近いので辻々にタンネンバウムが門松売りの様に売っている。年の瀬が近いと生活に追われた人達は屋台店を出して人を呼ぶ。砥石、靴紐、靴下と大体日本の屋台と同じだ。東京の「おでん」の代わりに伯林では腸詰めを焼いて売る。まだ恥ずかしい位の若い女が平気で食べている。

雪が降れば三寸位積もる。凍って固くなり非常に寒いが二、三日で雨の降る暖かい日が来る。ドロシュケのシルクハットは紙で造ってバンドも銀紙で出来ているから雨の日は気の毒な位びしょびしょして見える。ポンチ画の様に黒く塗った墨が滴れて顔が黒くなりそうだ。

とある小さいレストランへ友人と二人で入ると若い女達二人がニコニコ笑う。私達は澄ましているとやがて美しいのが来て「ご交際で英吉利カフェーへいらっしゃい。あそこに可愛い日本人が多数いる」と云う。伯林では黄色い顔の日本人がクラインヤパーナーと名の付く位にモテテいる。私達は有難うと拒むと「又いずれ」と握手して別れる。友達二人でその厚かましいのに驚く。こんな話し合いが二日に一度位は必ずある。まあざっと素見《すけん》廻りをしている態だ。こうした伯林で二ヶ月今年の休暇をしたい。金が不足したので十ポンド送って貰うため倫敦の正金へ手紙を出す。

十二月十日付け房子宛私信（抜粋）

「私は御目出度いこの御正月を倫敦の日本料理で祝う心組だが、今なお伯林にいる。伯林の冬は思ったほど寒くないが、時々突然街道が鏡の様に終日氷っている日がある。私は厚い毛皮裏の外套を九十八円ばかりで需めて着ている。道を行く時も寒さは感じません。その上寒ければ本場の美味しいビールを飲むので寒くないわけです。

毛皮のショール及び外套は婦人ものでラッコでもショール五十円、外套は百円位でその安値には驚いている。海外へ持ち出すには七割の税と、日本での輸入税とで二倍半位になるでしょう。

毛皮で出来た子供服も安い。日本の羅紗の値段です。その他のものは凡て安いので日本が近ければと再三考えます。

この国は今や財政上の破産に瀕しているのでマルクは日々に下落します。今日はポンドが三万七千マルクで日本の一円は三千六百マルク位です。で宿代は一日五十銭、食事は四十銭（一回）でビールと御馳走が食べられます。ホテルにいても八十円で充分です。

一般に独逸の人達は生活に困っているらしい。特に中産階級で小金を持って遊んでいた人達は、今乞食同様になっている。街道を歩いても、レストランの中でも乞食が多い。大抵は年老いた人か戦争の不具者です。処が一方、レストランも寄席もオペラもその景気の旺んなことは驚くほどです。大抵は満員です。その内容は他日日誌で御覧にいれます。日誌やアルバムは倫敦へ帰って後に送ります。独逸からでは紛失することが多いとの風評です。

伯林の市内にも立派な公園や宮殿はあるが今なお見物致しません。何分冬枯れて寒いのと、広い公園を一人で歩くのは危険とのことで行きません。他日再び訪れた時の仕事に残して置きます。来年の夏には再び来るでしょう。何分近いので思う様になります。（略）」

十一日――ノーレンドルフのエレクゼンと云う日本人会宿所へ晩餐に招待された。スキ焼きで米飯、キャベージの漬物で久し振りで日本食をした。美味しい。でも伯林のカツレツは美味しいので今まで日本食が欲しいとも思わなかった。

十二日――パセ（旅券）の日付けがこの十五日限りなので延期するためアレキサンドラプラッツの警視庁へ行く。願書の不備があって引き返しその手続きをする。面倒なのに驚く。

十三日――警視庁は九時から一時なので早起き（八時）して出掛ける。まだ暗い。宿の女中は常になく早いので驚き「今日はどうしたの？」など言う。警視庁の入口の番人が馬鹿に威張っていて入れない。二百マルク握ってソット腿を突くと素知らぬ顔で握る。急に軟化して愛想よくなる。中へ入ると又小役人が威張る。「独逸語習うために延期するなら先生の証明を持ってこい」と云う。摑ませるにも多くが見ているので自由でない。仕方なく引き返して松崎君の下宿の主婦を臨時の先生として証明を書かす。直ちに持って行くと不機嫌ながら一月十五日まで延ばしてくれた。

十四、十五日――暖かくよく晴れている。冬枯れのティアガルテンを行く。人も通らぬ位に淋しい。夜、カイザーザールにて食事した。

十六日――倫敦から金が送られて来た。マルクは騰貴して三万だ。不利なので銀行へ行く気にもならない。

十七日――昨日出した手紙が金部返送されて来た。この十五日から再び郵税が高くなったのだ。私が来て三度目の改正だ。こう頻繁に値上げされては不便だ。郵便局へ切手を買いに行く。二十人位の人が行列している。僅かの切手を需めるに二十分も待たねばならぬ。不景気で仕事がないにしても余りに呑気すぎるお役所だ。

十二月十七日付け房子宛私信（抜粋）

「私は幸いに無事でいる。伯林は成金振りによいので今年の休暇をする心組でまだ滞在している。書物の搬出手続きが面倒で尚残っている。この始末をして新年は落ち着いた英国で迎えます。

この頃の伯林は寒暖交々に来て寒い日は足も凍る心地です。店々の棚にはワイナハト売出の広告が出されサンタクロースの造物なぞが見える辻々にタンネンバウムを売る者も立っている。東京では歳暮売出の赤い旗でも出されているでしょう。よく似た光景だと面白く思う。

私達が伯林へ来た時よりも物価は二倍半に騰った。この年の瀬を越す人達は青白く元気なく道が埋もれる位にのろのろ歩く。電車もバスも乗る人が少ない。賑やからしい人通りが夜二時頃まで続く。暗い横丁、辻の角などに如何わしい女が立っていて魔の手を伸ばす。強請の様な男が話しかける。外国人を見ると叩頭する男が立っていたりなどして、夜の伯林は百鬼夜行です。でも旺んであった頃の伯林の夜は面白かったに異いない。今でも面白い場所が少なくない。

オーペルでもテアーター、タンツブラッツ（ダンス場）でも日本人は上等の席に若い女を侍らせて、美しい相手と踊っている。宿へ帰ればこれ等の女と内密の世帯を始めて文明人振っている者もいる。米国では黒人の兄貴位に待遇されて女など近づきもしないのに、独逸の女は馬鹿に日本人に接近して来る。お陰で日本人は伯林の廓の色男でクラインヤパーナーと所謂可愛い名を戴いている位です。嘗ては大国民であった独逸人も今ではその名残もない位に荒んでいて人気が悪い。若い男女は享楽より外に目的は何もないらしく見える。広告絵を見ても、芝居も凡て私達には凄いものばかりです。不気味な毒蛇や悪魔の有様などは普通の心理では解き難いのが多い。戦争、飢渇で国民の心が相当に荒んでいるらしい。

独り百姓だけは食物にも困らず健全な分子ですが、食料の価格が公定されているので現在の政府に対し大変な反感を持っている。此処へ帝政派の連中が焚き付けて革命を起こそうとしているのです。
一昨日、米国がドイツへ金を貸すと云うのでマルクは三万五千から一万七千まで騰った。この変動で英国から送って来た私の金は相当な損失を受けた。ドイツの人達は絶望の淵から救われた形ですが、相当に優秀であったこの国の文化が再び栄える時が来ることを祈るばかりです。
前々から通知した通りに当地では凡てが安い。宝石の類も生活に困った人達が売った古物は非常に安いが国外へ持ち出すには税金が高い。(以下略)」

十八日
よく晴れた日だ。山本君の下宿を探し出して行く。伊太利亜へ旅行して近々帰ると云う。品のよいお婆さんで英、仏語を話す。主婦が徒然に私を話し相手として生活の苦しいこと、独逸の将来などを話す。外交官の未亡人でもあるらしく見える。家は立派で家具などは日本の富豪でも持っていないと思われる位だ。

十九日
明日、松崎君が帰英するので送別の宴をカイザーザールで開く。

二十日(略)

二十一日――よく晴れて町はすっかりワイナハト気分だが私にはワイナハトも何等面白くない。米国がドイツへ金を貸すと云うのでマルクは騰貴した。マルクが騰れば私達の元気はなくなる。夜、散歩すると「町娘」はワイナハトの稼ぎに猛烈だ。摑んで離さないのがいる。

二十二日――朝、山本君の下宿ヘルマンから今晩山本君が旅行から帰ると通知して来た。晩方八時頃久し振りの挨拶を交わして、明日の夕方飯に呼ばれる約束をした。

二十三日――ワイナハトが近いので何かと多忙しそうに見える。大きな包みを持った人達が町を行く。贈物の支度に多忙なのだ。私は呑気に店を覗いて歩く。帽子もない様な貧乏している人達にも、楽しかるべきワイナハトが悲しみとして訪れるので、小さいハイリギバウム（クリスマスツリー）を買い入れて行く。私達は今年のお正月に苦しい年の瀬を越し小さい注連飾《しめかざ》りも飾ったが、寧ろ貧乏を面白く考えていた。貧乏が生涯まで運命づけられる、又富から貧へ突然に墜ちたならどんなに苦痛であろうか。今の伯林にはこれ等の貧乏に泣く人達が多い。

フラウヘルマンへ八時に行く考えで高架線に乗るが時々停車したため九時に着く。ヘルマンに叱られる。山本君と話してビール飲み、十二時頃ホテルへ帰る。

二十四日

今日は日曜日で通常ならば凡ての店が閉ざされる筈だ。然し今晩はワイナハトなので凡て店は開かれている。雨が降って路は泥濘《ぬかる》んでいるが人通りは多い。夕刻になると、暗い伯林の町も今日は少し華やかに燈され、窓からはハイリギバウムに蝋燭が燈された美しいのが見える。七時頃から各寺院の鐘が鳴らされて、処々で賛美歌が唱われる。

ホテルのパロアには大きいバウムが立てられ、色硝子の玉が多く吊され、銀紙が八方に垂れ、綿で雪になぞらえ、ケルッエン（ろうそく）が燈されお菓子がこれに供えられている。家の人達が集まり私にも来いと云う。行くと賛美歌が合唱されて、菓子などの馳走をくれる。色々話して二年前の革命に及ぶ。その怖ろしい有様に私も戦慄した「十数日地下室に私達は寝た」若い娘さんは続けて「この通りで戦があった。窓から覗くと、通りには血が沁み数人死んでいた。大砲と小銃、タンクの音はもの凄かった」と云い、ノスケ（革命軍）が家を訪れた話などをした。神聖なこの晩私は暗い心地になった。誤った思想や主義が――国と社会の制度が――如何に怖ろしい結果を来すか、また何も知らぬ善良な人達を傷つけるかを思い、日本を顧みると実に危ない断崖をさまよっているのを見た。私は今晩静かに日本の将来を慮ってドイツの今の状態に比べて見ると、日本は急流に棹さす扁舟で何時覆るかも知れなく見える。寺院の鐘は鳴る。私は日本の人達の幸福を祈る。

二十五日

午後一時に山本君の下宿で食事会があると招待されていたが色々遅れて二時頃行く。山本君、主婦及びフランクフォートアムマインの神商夫婦がもうデザートを食べようとする処へ入る。主婦が約束の時間より遅いので機嫌が悪い。ゲンゼブラッテン（がちょうの焼き肉）と美酒の馳走になり食事が終わって皆で日本の状態を話す。女達は日本の女の状態を聞く。その有様を説明すると、神商の夫人は日本婦人の解放を叫びだした。思えば西洋の婦人は自由と人格が凡ての点で尊敬されている。婦人達は尚、ドイツの婦人について話し、遂に婦人と神商が議論し出した。両方ともなかなか強い。ドイツの女達の意気はよいと感心する。

二十六日

先だって松崎君に依頼した金が来そうなものだと待つ。手紙が来た。事情のため遅れて申し訳ないとのことだった。夜、ベルリナーテアーターを見に行く。フレッチーマサレーと云う女優を中心とした一座だ。四幕の続物で踊りもあり、泣くのもある。泣く時は観客を泣かすのでなく、かえって笑わさせるものだ。これは日本の芝居と異なる点だと思う。日本では泣くために芝居見物をする人がいる。西洋ではそんな馬鹿は少ないらしく出し物は悲しいものが少ない。

二十七日

金が来ぬため切符を需め得ない。もう今年は過ぎ去ろうとしている。遂に旅でお正月を迎える決心をする。

二十八日——午後金が来る。夜、活動見に行く。余興に裸らしい女達が彫像を真似て立つ。これを色彩の光線で照らすのがある。非常に美しい。

二十九日——銀行から金を引き出さないで今日も終わる。理髪にカイザーザールの近くに行く。遂に此処にて酒飲む。

三十日——土曜日に気付かず明日も銀行が開いている気でいた。午後それと気付く。もう銀行は閉ざされた時であった。懐中にはまだ金はあるがお正月の景気を見るに多少不足だ。町を行くと年暮だと云うのに多忙しくも見えぬ。店が二日間閉ざされるので用意に煙草を買い入れた。

三十一日——凡て店が閉ざされて町は淋しい位だ。でも夕方から踊場へ、テアーター等へ、ナハトレーベン（夜の歓楽）に出掛ける人が多い。ホテルの主人に頼み金を借りる。

何時も年の暮は貧乏する性分だ。今年は金があってもやはり貧乏しなければならない。考えてみると滑稽だ。

ナハトタンツェン（小舞踏会）をカイザーザールで見る心組で夕方行く。もう満員で入れぬ。近くのカヘーアストレヤに行く。紙で造った帽子、テープ、チャルメラ、クラッカー、フレッキを売っている。人達はこの帽子を被って喜ぶ。私達もこれを被る。各々のテープルではシャンパンを抜く音がして酔った人達はフレッキを雪の様に撒布し、紙テープで美しい女を攻撃して歓喜が堂に満つる頃十二時が来た。オーケストラの大鼓と鐘が高鳴る。人達は声高にグリュースノイヤール（新年おめでとう）と云い握手する。踊りはこれから始まる。此処の踊場は狭く面白くない。二時頃ホテルへ帰る。ホテルの食堂ではまだ飲んで噪ぐ連中がいるので寝付きが悪かった。

一九二三年一月一日――暖かいお正月だ。東京のお正月よりも風がなくてよい。午後レストランへ行くと不味いブロート（パン）しかなく美味しいのはない。外人にはお正月も楽しくない。夜、ベルリナーテアターへ行って見る。満員で入れない。散歩しても街の燈は今日少なく淋しい。

倫敦へ帰って日本酒でお目出度うと云う処を客舎で新年を迎えるなど無風流だ。夕方頃は日本も新年で皆納まり返っているだろうと想像する。

二日――新年のカイザーザールを見に行く。人気もなく淋しい位だ。十二時頃まで呑む。木村徳増君も来て踊っていた。銀行（ドイッチェバンク）で金の一部を引き出した。

三日――夜、近くにあるシャウスピーラハウス（グロースオーペルハウス）へ行って見る。ストリンドベルヒのルターをやっている。他のテアーターとは全く類を異にした重苦しいもので日本の旧劇の面影を持っているものだ。ルター役は多数の反対者に抗して敢然と新しい教義を説くにふさわしい重い勇気ある役者であった。時の王様が様々の圧迫を加えるにも屈せず、ルターはその教義を枉《ま》げないで人民も弟子もこれに和し、遂に王もこれに賛せんとする時の夜、ルターは徹宵読書している。強い反対者ドクターヨハネスもこれに侍していた。太陽は今チューリンゲンの森に昇る。二人は家の屋根に登り東天を望んで「今チューリンゲンの夜は明ける」とルターが言えば、ヨハネスはこれに和して「やがては、全独逸が」と言う処で終わった。

観客はこの重い調子の劇からホット醒めて軽い心地になる。今、米国が独逸の破産を救い、再び新ドイツが芽生えんとしている時に、この劇は全ドイツを表徴しているかに思われ共鳴するところ多かった。この劇場は円形で特徴ある建築である。屋根に多くの氷柱が下がった様なものがあり感じよく、舞台も新しい形で日本の回り舞台が応用してあった。建築材料は凡てよくない。

四日――冬らしくもなく晴れて暖かい。銀行へ残りの金をとりに行く。マルクが安いので全部マルクで受け取る。帰路、倫敦行き切符をクック会社で需める。寝台のない・等で四ポンドばかりだ。

五日――倫敦会議が成立しないのでマルクは下落した。一日の差で五万マルク計りの損であった。夜、メトロポリタンテアターヘオパー（オペラ）を見に行く。伯林から紐育まで行く船の中の出来事を踊る。ローマンとしての価値は少ないように思われたが、観客は理もなく拍手する。お化けの様に塗り込めた女達が踊る。オドケた爺が出て来る。私には十分その価値が判断しかねる。建物は相当に立派で驚いた。

六日――昼、読書、新聞読みの練習をする。夜、アレキサンダープラッツのウテ、キノ（映画）を見に行く。面白くもない。帰ってカフェへ入りカバレーを見る。

七日――晴れて暖かい。町の人通りは道玄坂の夏以上だ。倫敦会議が成立せず、米国も救わぬとの風評でマルクは下落して四万以下になった。再び物価は騰貴する。

八日――山本君に依頼して不足の金を借りる話をする。弗で貸すと云うので早速ドレスデナー銀行へ行く。もう時間が迫っていて明日再び遭う約束をして別れる。雨降りで寒い。

九日――午前三十弗借りて帰路山本君の下宿へ行く。昼食のご馳走になり、国の話などし帰国後の生活に及ぶ。薄給と生活難が日本に待っているのを思う。

三時頃、山本君の子息への洋服三着ばかり倫敦から日本へ送るのを依頼されて持ち帰る。夕方、風邪らしく寒気がする雨の中をコフア（鞄）を需める。ライプチガー街へ行き高価なので引き返してこの町で需める。八時頃コッホシュトラーセからリューベッカーシュトラーセへ引っ越すと云う友達の手伝いをする。風邪は本物になり頭が痛い。

十日、十一日（略）

十二日　午後、フリードリヒバーンホーフの税関へ荷物の搬出検査を受けに行く。コファア及び山本君の洋服が新しいのでこれに税を支払わねば検査証をくれぬと云う。引き返して電話で相談しアナハルダーバーンホーフへ行って見ることにした。

十三日　風邪で苦しいが早朝アナハルダーへ行く。相変わらず駄目で引き返しパンコウのミールケと云う運送屋を呼びこれに手続きさせる。一時頃パンコウの税関へ行くと、運送人は上手に賄賂して無事査証をくれる。運送人は手数料に二万請求した。今日二時の汽車で倫敦へ引き返す予定であったが荷物のために変更して明日にする。

十四日　八時頃起きて帰英の準備した。何だか淋しい心地する。仏国がルールギビート（地方）を軍事的占領したのでドイツ国の復興は絶望となった。その悲しみを共に語るために寺院の鐘は終日悲しげに鳴らされ、各広場では悲憤の演説があり市民大会も開かれた。この悲しい日に似合わず小春の様に暖かく晴れて道行く人達は晴れ晴れしく見えた。――毎日の様な灰色の空が調和するのに――

一時頃ホテルの女中や主人にお別れを告げてフリードリッヒバーンホーフへ行き荷物に

二百万マルクの保険を付し、二時三分の汽車で出る。山本君が見送ってくれた。汽車ではインド人とロシア女との夫婦と、支那人と私だ。外人は黒い連中のみなので来てもすぐ逃げる。この白と黒の夫婦でも甘い調子の英語で話して仲がよいらしい。女は時々喧しい位支那人としゃべる。私は風邪で頸が痛い上、室はスチームで乾燥して益々痛いので心地悪い。時々廊下の湿った空気を吸いに出た。九時頃食堂へ行き、眠っている内にエッセンに着いた。駅には仏国の兵隊が見張っている。十二時過ぎケルンに着いても税関吏は来ない。

十五日

二時頃国境に近く税関吏は来たが平易に終わり、ベルギーを汽車は走る。眠っている内にベルギーの野原に夜が明けた。ドロの木が皆東に傾き面白い光景だ。常に風が海から吹くらしい。麦、菜っ葉も畦作にして日本に似ている。農家の有様も豊からしく見え、皆老成した果樹を囲いに持っていた。

八時過ぎブリュッセルに着くと付近の農村から通って来る労働者が次々と汽車から降りる。今この町は戦後の復旧に多忙らしい。十一時オーステンデに着き汽船に乗る。十二時出帆した。海は荒いので再び酔って気分悪い。三時半ドーバーの白い岸が近くに見え、間もなく上陸して税関の検査を受け、四時の汽車で倫敦へ向かう。英国の牧場は緑色で美しく紅の夕日が丘の彼方に落ちるのを見た。六時ビクトリア駅に着く。三個の荷物も無事に着いた。七時、宿へ帰って久し振りで国の手紙を読みお産の時の有様を想像して見た。みほ子はよい子だとのことで理《わけ》なく嬉しい。

（第十二信終わり）

一月十九日（房子宛倫敦にて清作）

「其の後御変わりありませんか。私は十五日に此処へ帰ってきました。ドイツの成金も倫敦へ来ては貧乏人ですが気楽で平和です。貧乏人は成金よりも幸福だと云う考えになった。ドイツでは書物を需め語の練習をした外は遊んで暮らした。余り遊んでいては御前から御目玉を頂戴するので恐縮だが、而しドイツの二ヶ月は昨年のよい休暇であった上私を益することが多かった。外人の風俗習慣を直接観察し得たのは得難いよい経験でした。この手紙と同時にその日誌とアルバムを発送した。御覧下さい。日誌は酒ばかり呑んでいた様で洵に申し訳ないがお許し下さい。外国にいては淋しいのでつい面白い場所へ行きたくなるのです。

此処へ来て三通の手紙及び上野の姉さんからの御手紙を見て御産の様子を知りました。一ヶ月も多く胎内にいて大きくなったみほ子を産むのは大変苦しかったらしいが、でも二人とも無事で結構でした。みほ子は唯だ美しい子だと書いてあるのみで充分に判り兼ねる。早く写真を見たいものです。お臍の切れが悪くその上泣きむしらしいので御前の心配も大変らしいね。育児に馴れない間は色々多忙しいでしょうが、幸い乳が出る相で大助かりです。適当に育て上げて下さい。

金目や大塚には大変御厄介になった様子で私は御産の前頃に既に御礼状を出して置きました。入院が早かったために金もなかなか浪費したとのことだが、今までの留守宅料で不足の分は一時金目から借りて置いて漸次返済して下さい。金が多くかかっても金よりも生命が大切だから私は喜んでいます。

御産の御祝いに何か送ると昨年の暮れに書いたが、ドイツへ行って来て私も金を浪費したので只今では財政困難です。御祝いの品物の発送は今暫く見合わせます。

ドイツと英国で需めた書物は可成りになる。郵送は高いので船便で他日送ります。今迄に書物を送ったがどんなのが着いているのか判らぬのでお暇の折に整理して御連絡下さい。

私は仏蘭西語の字引を携帯しなかったので独習に不便を感じています。東京へ出た時に最良のポケット型仏和及び和仏の二冊と、最良の仏語文典及び仏語入門書の二冊合計四冊を需めて送って下さい。英書では善いものがあるが日本人には日本人に適した用に作った書がよいと思うから御依頼します。私は多分四月十五日頃に大陸へ引っ越しますからその頃までに到着するように御願いします。

赤ん坊の写真は時々写して台紙なしで手紙に封入して下さい。子供が成長していく有様が私にも見れる様に御願いします。

終乍ら金目、大塚等へ宜しく御伝言下さい。みほ子も御前も相互に大切に、折角養生なさい。左様なら。」

付　関東大震災の前後の房子宛私信
米国、英国、独逸への行程表

関東大震災の前後の房子宛私信

一九二三年（大正十二年）九月三日付け房子宛私信抜粋（倫敦にて）

「去る一日の正午過ぎ大地震があり東京、箱根を中心にした一帯は修羅の巷と化したとの新聞記事を見て大変驚いた。皆様お変わりなかったか何等の不幸ないことを祈って止まない。東京は地震と火災で殆ど破壊した由で不安に考えている。

初め、早くも土曜日一日の夕刻東京地方に地震があった。横浜は大火だ。との新聞記事があって、例の月並みより少々大きい位だと考えていると、その後昨日今日の新聞に依ると未曾有の大災害で死傷者は東京横浜各十万に及ぶとのことで非常に驚愕した。富士火山が中心でその麓は大変で小田原、熱海、伊東等は津波で流れ幾千の死傷者を出して箱根では死傷しないものは数えるほどしかないとの様子から察すると金目（現平塚市、房子の実家）辺でも大変だったに違いない。家でも崩壊して皆様に障りでもあればと心配している。勿論御前は大丈夫に違いない。地震が恐くすぐ逃げる方だから。でも富士紡績会社の職工が逃げる暇もなかったと見えて、全部負傷したとのことだから地震は急に強く起こったに相違ない。とすれば逃げることの上手な者でも危害は免れぬかも知れないと思う。何分にも遠く離れているので色々心配して見ても甲斐ない。唯だ無事だったとの通知を待つのみです。

　東京では丸の内の主な建物は崩壊したり焼けたりした様ですね。海上ビルデング、三越、警視庁、帝劇等、また文部省も内務省も全部焼けたとのことでその惨状は大変であろう。人家については山手が大変だと書いてあるかと見れば青山、小石川はよい方だなど書いてあり、明らかでないが常識的にも山手は比較的よい方なのだろう。大塚（房子の姉宅）もこの部類にあるから被害も少なかったかも知れないと思っている。

　津波のことで思えば須賀（平塚市、房子の姉宅）は何でもありませんでしたか。多少の損害はあるだろうが人達に障りが無ければ結構です。

　箱根山や富士山が爆発する様なことがあれば大変であるが、然し火山の爆発は地震を誘起することが無いとのことだ。当地で考えられている地震の原因は全く火山とは関係がないので爆発などは先ず無いだろうと考えている。

　私等が渋谷にいた時に出会ったあの地震が今度の様に大きければと想像して見ると、私は今安全な国にいて少なくとも惨状は見ないで安楽に居れるのを感謝している。近況御通知の手紙を待っています。（以下略）」

九月二十五日付け房子宛私信抜粋（倫敦にて）

「八月十六日お御手紙拝見した。色々切れ切れの手紙でなかなか多忙の様子も窺われます。七夕と御盆が引き続くので多忙も無理ないことと思う。

地震の詳報が知れるに連れて東京横浜は大変で死者も多かった様子だが、これらは地震よりも火災の為に起因していると考えられるので従って私は今大して心配はしていない。金目の田舎では家も堅固で疎らに村が出来ているから火災も倒壊も先ず無いであろうと考えている。

英国では日本への同情は大したもので何処の店でもその話をされる位です。ある者はもう日本の政府は破産するだろうとか、日本は三等国に低下したなどと書いた。日本は小さい国だと信じている者は日本の全部が破壊した様にも考えているらしかった。

執《いず》れにもせよ大災害には相違なく、日本にとって大損害であった。東京横浜では血族の死と破産との悲しみが一度に襲ってきた人達も多いことであろう。

当地にいる日本人も地震の為に急に帰国する様になったのが多い。留学生の内でも多数の書籍を東京横浜の宅へ送り火災の為に全く焼いてしまった者もいる。横浜の徳増君は千五百円位の書籍を一ヶ年も費やして蒐集し全部焼いてしまった等の悲劇がある。私も七月頃に巴里へ行くと云う予定を実行して、徳増君に比べては僅かの書籍だがこれを発送していたならば或いは今度の災害で全く失ったかも知れないのであった。呑気屋も時には恵まれる。何が幸いになるか判らぬ世の中だ。地震で東京では社会主義者とか朝鮮革命党の人達が物騒を起こしたとの新聞も見たが、然しこの地震は日本へ物質的に大損害を与えたが精神的には大きい利益を与えたと思う。地震前の日本は様々な主義や思想が相錯雑して沸騰していたらしい上に、妙な恋愛観や人生観がこれの副産物として若い人達を導く者どもが主張し実行したのであったらしい。云わば馬鹿な上調子であって根底のない文化生活？　の中心が東京と横浜にあったのだ。これが僅か一日で喪《ほろ》びたのだとすれば酔いどれの様な文士と、新しいと自称する人達も覚醒せずにはいられまい。幸い政府も新たに組織されて政党に根拠を持たぬけれど近来になく有能の人達が入り込んだから、覚醒した人達と共に堅実な文化生活と都市を建設することだろうと思う。

英国でも独逸でも沈んだ調子で色々な思想をも冷静に考えていて容易には上調子にならぬ様子が見えるのに、独り日本が上調子に酔いどれていたので造化の神の痛棒を喰うのも当然かも知れぬ。

私はまだ倫敦にいる。独逸も近来馬克《マルク》の下落は大したもので一円が三億馬克です。危ないし書籍も需《もと》めることは不可能とのことで当分は独逸行きも駄目です。仏国へ孰れ行くが当分は期日不定です。アドレスは従来の通り仏国へ。（以下略）」

十月十五日付け房子宛絵葉書抜粋（倫敦にて）

「地震後の通信を待っているがなかなか来ないので心配している。

私には八月十六日出しの手紙が来たのみで殆ど一ヶ月も通信がないのです。然し無事でいるだろうとは私は信じている。もし何等か変わったことでもあれば徳光（石川県、亡父の実家）の方から通信があるだろうと思っている。

私は今月の末に仏国行きの心組であったが沢村君が地震で急に帰国した為、巴里では語も十分でなく頼る人もないのでためらっている。アドレスは従来通り巴里へ。」

十月二十六日付け房子宛私信抜粋（倫敦にて）

「地震後お見舞いと安否を尋ねる電報を発しようと試みていたが、東京とは電報不通だとポストオフィスが云うので遂に一ヶ月も過ぎてしまった。二、三日前に大塚から電報が来て親類一同安全とのことで漸く安心した処でしたが、只今九月十五日出しの御手紙を落手して物質上の被害の多大であったのに驚き且つ残念であったと嘆ぜざるを得なかった。

金目の家は大変堅固に出来ていたので地震位では壊れはすまいが、各地に火災があったから或いは金目にも火災がありはしなかったかと不安に考えていたが、火災がなくて多少とも不幸の程度が少ないのを感謝しなければなりません。

御前もやや共に危ない処を漸く逃れ得て私は大変嬉しい。手紙を読んでいても実に危ない光景が見える様でハラハラするのでした。金目の皆様も何の障りなくいらっしゃるとのことで私も安心した。皆様の御無事であることは不幸な天災を悲しむ心の内にもなお嬉しさと感謝を感ぜしめます。（以下中略）

過日、領事館で日本の新聞を見た。東京の荒廃した有様を見て国家のためにも個人の為にも相当な大損害であったことは残念です。両国橋の近くで三万五千余りの人が焼死したその写真を見て戦慄しました。全く想像も出来ぬ位です。

倫敦にいる日本人は、日本特に東京が馬鹿に上調子で不健全な多くの分子を抱えていたから神様から叱責を喰らったのだ、この叱責を受け入れて健実に進まねばならぬと云う人達が多い。多少御弊かつぎ（縁起担ぎ）の点はあるがこの神の配剤によく従って健実な日本を形成しなければならない。

地震で不自由な生活をし、マッチ、ローソクにも困る様子を見ると如何に皆様が困っていられるかが判る。新聞で見ると、東京では悪い流行病が漸く盛んになろうとしている様子だから皆様は益々御養生なさる様に祈っている。

私は今手元の金も少なくなり仏国行きは当分の間未定です。ドイツもいよいよ共産主義の人達が暴動を起こして物騒です。この分ではドイツ行きも不可能です。

この二十七日発の北野丸で書籍二個を送った。運賃は先払いになっています。多分二、三十円になるでしょう。十二月の十五日頃に着くかと思っています。（以下略）」

編者　以上をもってこの稿を閉じる。

米国、英国、独逸への行程表

一九二二年（大正十一年）
四月一七日　横浜港出航　大洋丸
二六日　ホノルル着
二七日　ホノルル出航
五月　三日一〇時　サンフランシスコ着
九日　九時四〇分　サンフランシスコ発（バークレー発）
一三時　サクラメント着（州庁訪問）
一七時　サクラメント発
二〇時三〇分　サンフランシスコ着
一〇日一〇時　サンフランシスコ発（フェリー）
一一時三〇分　オークランド発
一一日　ソルトレイク経由
一二日一六時　オマー経由
一三日　九時　シカゴ着

一六日一二時　シカゴ発
一六日一七時　マディソン着
七月一一日一三時四〇分　マディソン発
一一日一九時　シカゴ着
一四日一五時　シカゴ発
一五日　六時　ナイアガラ
二〇時　ナイアガラ発
一六日一〇時　ニューヨーク着
八月　四日一一時　ニューヨーク発
一六時三〇分　ワシントン着
八日一三時　ワシントン発
一九時三〇分　ニューヨーク着
一九日一一時　ニューヨーク出航（ホメリック号）
二七日一六時　サウサンプトン上陸
薄暮　ロンドン着（ウォータルー駅）
一〇月　二日　九時　ロンドン発（リバプール駅）

一一時　イプスウィッチ着
一五時三〇分　イプスウィッチ発
　ピーターバラ着
二〇時　ピーターバラ発
二二時　メルトンモーブレー着
三日一六時三〇分　メルトンモンブレー発
一九時三〇分　ロンドン着（ユーストン駅）
四日一七時　ロンドン発（パディントン駅）
二〇時三〇分　ベルシャワ着
五日一三時三〇分　ベルシャワ発
一七時　バーミンガム着
六日一五時三〇分　バーミンガム発
一九時三〇分　ロンドン着（ユーストン駅）
三一日一四時　ロンドン発（ビクトリア駅）
一七時　ドーバー出航
二〇時　オーステンデ着

一一月　一日一九時　オーステンデ発（ワルシャワ行き急行）
一五日一六時三〇分　ベルリン着
二〇時三〇分　ベルリン発
一六日一八時　ライプツィヒ着
二〇時　ライプツィヒ発
一七日一八時三〇分　ドレスデン着
二〇時　ドレスデン発
ベルリン着

一九二三年（大正一二年）
一月一四日一四時　ベルリン発
一五日一一時　オーステンデ着
一二時　オーステンデ出航
一五時三〇分　ドーバー着
一六時　ドーバー発
一八時　ロンドン着（ビクトリア駅）

一九二四年（大正十三年）

六月　七日　　　ロンドン発
六月一五日　　　マルセイユ出航
七月　　　　　　神戸着

（参考）この記録の歴史的背景

一九一四年　七月　第一次世界大戦始まる
　　　　　八月　日本参戦
一九一八年十一月　ドイツ革命、皇帝退位
　　　　　　　　第一次世界大戦休戦
一九一九年　一月　ドイツ労働者党（後のナチス結成）
　　　　　六月　ベルサイユ条約調印
一九二〇年　一月　国際連盟成立
　　　　　　　　米国で禁酒法が施行（一九三三年廃止）
　　　　　三月　平塚らいてう、市川房枝ら新婦人協会結成
　　　　一一月　カリフォルニア州議会で排日土地法案の厳格化可決
　　　　　　　　（日本移民が集中した同州で低賃金、悪習——不潔、賭博、売淫——、非

同化を理由に排日運動）

一九二一年　一二月　大杉栄、堺利彦、日本社会主義同盟結成

　　　　　　四月　ドイツの賠償金を一、三二〇億マルクと決定

　　　　　　七月　ヒトラーがナチス党首に就任

　　　　　　一二月　日英同盟解消

一九二二年　三月　米国サンガー婦人来日

　　　　　　四月　著者留学

　　　　　　八月　マルクの下落始まる

一九二三年　一月　賠償不履行を理由にフランス、ベルギー軍が、ドイツ工業の中心地ルール地方占領

　　　　　　六月　日本で第一次共産党検挙行われる

　　　　　　八月　マルク大暴落　一ドル＝四六〇万マルク

　　　　　　九月　関東大震災発生

　　　　　　一〇月　・ザクセンにドイツ社会民主党と共産党の連立政権成立

　　　　　　　　　・チューリンゲンにも成立

　　　　　　　　　・ドイツ共産党ハンブルグで蜂起

一九二四年

一月　・ヴァイマル共和国軍チューリンゲンの政府解体
　　　・ヒトラー、バイエルン政府打倒のミュンヘン一揆を起こす
　　　・マルク最低へ暴落、一ドル＝四兆二千億マルク　レンテンマルク発行、一レンテン＝一兆旧マルクの比率で回収。通貨安定に向かう

二月　・賠償専門委員会（ドーズ委員会）が発足

三月　日本の外国為替相場暴落（一〇〇円＝四七ドル台から四四ドルへ、さらに年末には三八ドル台に下落）

四月　・賠償専門委員会でドーズ案作成
　　　・米下院で新移民法案（アジア人移民禁止等）可決
　　　・日本国債急落。円相場四〇ドル割れ

七月　著者帰国

八月　独議会でドーズ案承認
　　　賠償問題が解決したのを機に金に基礎を置くライヒスマルクが発行された

著者紹介

中野清作

1895 年　石川県（現，白山市）に生まれる

1920 年　東京帝国大学農学部農学科卒業

1921 年 6 月　柳川フサ（房子）と結婚

1922 年 4 月～ 1924 年 7 月

文部省在外研究員として留学

1924 年 11 月　三重高等農林学校

（現，三重大学農学部）奉職

1960 年 3 月　三重大学農学部教授　退官

1979 年 6 月　84 歳で没

新《あたら》しい女性《じょせい》、新妻房子《にいづまふさこ》への手紙《てがみ》

2022 年 10 月 15 日　初版発行　著　者　中《なか》　野《の》　清《せい》　作《さく》

編　者　中《なか》　野《の》　清《きよ》　弘《ひろ》

名《な》　倉《くら》　眞《ま》　知《ち》　子《こ》

発行者　武　馬　久　仁　裕

印　刷　藤原印刷株式会社

製　本　協栄製本工業株式会社

発　行　所　株式会社　黎《れい》　明《めい》　書《しょ》　房《ぼう》

〒 460-0002　名古屋市中区丸の内 3-6-27　EBS ビル

☎ 052-962-3045　FAX 052-951-9065　振替・00880-1-59001

〒 101-0047　東京連絡所・千代田区内神田 1-4-9　松苗ビル 4 階

☎ 03-3268-3470

落丁本・乱丁本はお取替えします。　ISBN978-4-654-07709-0